插图及插画师

安德鲁·阿彻

安德鲁从事绘画设计多年，后来他意识到自己 80% 的"设计"都是插画，因此他成了一名插画师。他没有接受过正规的美术教育，但他在绘画方面天资颇高，这很可能是其作品别具一格、色彩大胆的原因！

凯利·汤普森

在最初的时尚摄影生涯结束后，凯利成了一名自由插画师。作为一名自由艺术家，凯利在使用 PS 图像处理技术之前，首先用铅笔素描完成作品，然后再利用她高超的手绘技巧添加色彩。

安娜·希吉

安娜是一名出生于澳大利亚的插画家，现居住和工作于英国布里斯托尔。她大部分时间都在斯托克斯·克罗夫特工作室中度过，擅长采用传统画法和数字技术相结合的方式创作插画。

皮耶塔里·波斯蒂

皮耶塔里出生在芬兰，但他搬到了阳光明媚的西班牙巴塞罗那，并建立了自己的工作室。他深受大自然的启发，喜欢尝试新的插画技巧；他的作品因大胆的造型和富有表现力的风格吸引了一大批国际客户。

杰茜卡·辛格

杰茜卡来自澳大利亚，毕业于伦敦中央圣马丁学院。受印度传统文化的影响，她喜欢鲜艳的色彩和传统的纺织品设计。工作之余，她喜欢旅行，在大自然中散步或收集水晶。

索菲娅·博纳蒂

索菲娅出生于阿根廷，现居英国。在完成平面设计和插图学位之前，她首先学习了地质学。在她笔调柔和的铅笔画中，她喜欢加入水墨、水彩和水粉的元素——这使她的女性肖像优雅而精致。

乔尼·万

乔尼出生于英国设菲尔德，现居住和工作于曼彻斯特。他身高不到 5 英尺 7 英寸，因此他通过打篮球获得百万美元奖金的梦想破灭了。他决定追求下一个梦想——画插画！

苏珊·伯格哈特

苏珊是一位出生在美国的英国插画家。她深受其平面设计背景的影响，因此也热爱排版设计。她主要从事数码工作，也喜欢尝试拼贴和丝网印刷。

青春期女孩，你可以更美好

［英］凯·伍德沃德/编

［英］凯利·汤普森等/绘

张祎祺/译

海天出版社
HAITIAN PUBLISHING HOUSE
·深圳·

版权登记号　图字：19-2020-124号

What Would She Do? by Kay Woodward
Text and design copyright © Carlton Books Limited 2018
Published in 2018 by Carlton Books Limited, an imprint of the Carlton
Publishing Group
Simplified Chinese rights arranged through CA-LINK International LLC
(www.ca-link.cn)

图书在版编目（CIP）数据

青春期女孩，你可以更美好 /（英）凯·伍德沃德编；（英）凯利·汤
普森等绘；张祎祺译. — 深圳：海天出版社，2021.3
　　ISBN 978-7-5507-3045-8

　　Ⅰ . ①青… Ⅱ . ①凯… ②凯… ③张… Ⅲ . ①女性 – 青春期 – 健康
教育 Ⅳ . ① G479

　　中国版本图书馆 CIP 数据核字（2020）第 215894 号

青春期女孩，你可以更美好
QINGCHUNQI NÜHAI, NI KEYI GENG MEIHAO

出 品 人	聂雄前
责任编辑	何廷俊　李新艳
责任技编	陈洁霞
责任校对	万妮霞
封面设计	度桥制本 Workshop
出版发行	海天出版社
地　　址	深圳市彩田南路海天综合大厦（518033）
网　　址	www.htph.com.cn
订购电话	0755-83460239（邮购、团购）
印　　刷	深圳市希望印务有限公司
开　　本	787mm×1092mm　1/16
印　　张	7.25
字　　数	145 千
版　　次	2021 年 3 月第 1 版
印　　次	2021 年 3 月第 1 次印刷
定　　价	59.80 元

目录

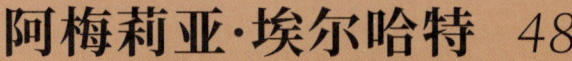
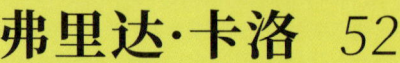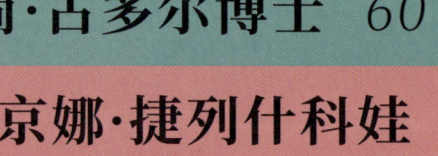

青春期女孩，
你可以更美好

恭喜你！

为什么呢？因为你很聪明，选择了一本充满魅力的书。在本书中，你会发现 24 位女性用不同的方式改变了世界，她们的故事完全是真实的。

让我们来认识一下叶卡捷琳娜大帝，她决心统治俄国并且做到了。圣女贞德擅长带兵打仗（打破了传统社会对女性的成见），而克莱奥帕特拉则更加沉着冷静（说实话，任何能统治一个国家并在逃亡时仍然戴着埃及式的华贵庞大的头饰的女性，无论走到哪里都是一股不可小觑的力量）。

在本书中，并不是所有的女性都生活在古代，其中有些人生活的年代距离我们并不遥远，甚至有的至今还生活于世。她们有的家喻户晓，有的却鲜为人知。

埃米琳·潘克赫斯特通过争取女性选举权的运动，为女性争取了更多权利，也在一定程度上改变了男性对女性的偏见。至于哈丽雅特·塔布曼，她带领许多人摆脱了奴隶制度，她的成就令人瞩目。罗莎·帕克斯发起了废除美国种族隔离政策的运动。旺加里·马塔伊为民主和环境保护而战。马拉拉·优素福扎伊与你年纪相仿，而她的勇敢已经震惊了全世界，哦，对了，她还获得过诺贝尔和平奖（顺便说一句，她是本书中三位诺贝尔奖得主之一）。还有弗里达·卡洛，她是整本书的灵感来源。

但无论她们是计算机天才、科学家、飞行员、护士、作家、领袖、画家、律师、演员、宇航员、环保主义者、登山运动员、棋手、足球运动员、政治活动家、建筑师还是自然环境保护主义者，这些女性都有一个共同点——她们都将男女平等作为自己的信仰（很明显，她们是这样认为的）。

你可能对未来有所规划，但也有可能很迷茫。如果你正处于迷茫之中，这本书也许会给你一些思路，我们也希望在你今后的路上给你带来极大的鼓舞。

最重要的一点是，这 24 位女性本身就拥有宝贵的经验。所以，尽管我们不知道当她们面对女孩们每天都要处理的一些琐事时会说些什么，但我们可以试着想象一下她们会给出什么样的建议。因此，读完这些伟大女性的故事后，你可以了解扎哈·哈迪德如何处理同行带来的压力，或者弗吉尼亚·伍尔夫会对那些觉得自己很奇怪的人说些什么。

是的，这本书很棒，但还有比这本书更棒的，

那就是你。

现在就请翻开这本书，开始阅读……
然后去改变世界。

克莱奥帕特拉

埃及偶像

克莱奥帕特拉是历史上最有名的人物之一，她的一生中充满了战争、浪漫和悲剧。作为埃及的最后一位女法老，广为人知的是，她爱上了罗马历史上两位伟大的领导人。然而她也有另一面。当克莱奥帕特拉的敌人可不是什么好事，有传言说，任何妨碍她的敌人都被暗杀了。克莱奥帕特拉到底是一位什么样的人物呢？

姓名：**克莱奥帕特拉七世·西娅·菲洛帕托尔**

出生日期：**约公元前 69 年**　逝世日期：**公元前 30 年 8 月 12 日**（约 39 岁）

国籍：**埃及**

身份：**统治者**

两千多年前的埃及，法老托勒密十二世的女儿——克莱奥帕特拉——出生了。尽管生活在埃及，但克莱奥帕特拉和她的家人都是希腊人，因此她是说着希腊语长大的。除此之外，她还学习包括埃及语在内的其他语言。她是她的家族中第一个这样做的人。

公元前 51 年，法老托勒密十二世去世，克莱奥帕特拉和她 10 岁的弟弟托勒密十三世成为联合统治者，共治埃及并结为夫妻。这在埃及王室中是再正常不过的事情——甚至连她自己的父母也有可能是兄妹关系（不用担心，现如今这种事情完全是非法的）。克莱奥帕特拉比她的弟弟年长许多，起初埃及便由她统治，但不久托勒密就想要独揽大权。后来，他接管了埃及，克莱奥帕特拉出局了——不过这种局面并没有持续太久。

克莱奥帕特拉在罗马领袖中找到了一位伟大的盟友——尤利乌斯·恺撒。他捍卫克莱奥帕特拉的利益，在尼罗河战役中大败她的弟弟托勒密十三世。至于托勒密十三世是被淹死还是被克莱奥帕特拉杀害，这个谜团在之后的两千多年都还没有定论。但无论如何，他的死使克莱奥帕特拉重新执掌埃及。她与尤利乌斯·恺撒相爱了，并在公元前 47 年为尤利乌斯·恺撒生了一个儿子，取名恺撒里昂。她为了与尤利乌斯·恺撒长相厮守而去了罗马，但是恺撒有很多仇敌。公元前 44 年，当他遇刺身亡时，克莱奥帕特拉不得不仓皇逃回埃及。此时，埃及是地中海沿岸唯一不受罗马人统治的国家，克莱奥帕特拉需要和另一个罗马人联盟以确保国家独立，这个人就是马克·安东尼。

安东尼和克莱奥帕特拉在公元前 41 年相遇。这是一场完美的邂逅，他们都需要对方的帮助来对抗尤利乌斯·恺撒的养子屋大维——此人野心勃勃地想要统治罗马并兼并埃及。令人意想不到的是，安东尼和克莱奥帕特拉也坠入爱河，并且生育了 3 个孩子。

克莱奥帕特拉自认为是神的化身，因此经常打扮成女神的模样。她喜欢利用盛大的场面制造轰动，例如她曾经乘坐一艘挂着紫帆、摇着银桨的黄金游艇出场，而且她在传言中是那样美艳迷人。但是克莱奥帕特拉举世闻名的美貌常常掩盖了她还是一位杰出领袖的事实，她精通埃及语，并遵循埃及的风俗习惯，深得民心；她接受过良好的教育，聪颖睿智。在克莱奥帕特拉的统治下，埃及经济蓬勃发展，并保持独立于罗马。

然而，公元前 31 年，屋大维的海军在亚克兴战役中大获全胜。克莱奥帕特拉的好运就此终结，她和安东尼逃到了亚历山大。两年后，屋大维接管了埃及首都。克莱奥帕特拉最后是死于毒蛇咬伤还是中毒却成为千古之谜。尽管如此，无论在历史上，还是在相关书籍、诗歌、电影和莎士比亚的戏剧《安东尼和克莱奥帕特拉》中，她都是最迷人的形象之一。

我不会被征服。

——克莱奥帕特拉

她会怎么做？

问题　学校里的女孩说你的服饰不适合，要么太长，要么太时髦，要么没精神，要么太松垮，要么太飘逸，要么太花哨，要么太朴素，无论你穿什么服饰她们都会笑话你。如果是克莱奥帕特拉，她会怎么做？

建议　太简单了！克莱奥帕特拉什么都不会做，什、么、都、不、会、做。她知道别人的意见一点儿价值都没有，尤其是在她们故意刁难你的时候。克莱奥帕特拉会继续穿戴她喜欢的服饰（比如一个耀眼的金质头饰，你可能不至于像她那样夸张），并且知道只要是她自己喜欢的，那就是漂亮的。

紫式部

日本第一位长篇小说家

紫式部是日本历史上第一部长篇小说的作者，但你可能对她一无所知。早在简·奥斯汀和勃朗特三姐妹出生之前——大约七个世纪以前，紫式部就创作出了《源氏物语》，这本书讲述了一位日本皇子的故事，被誉为日本文学的杰作。那么紫式部是如何写出这部著作的呢？她又是谁呢？

姓名：**紫式部**

出生日期：约978年　逝世日期：约1016年

国籍：日本

身份：小说家

首先，她的名字并不是真的叫紫式部，这是一个宫中称呼，可能源自她小说中的一个人物。她的父亲藤原为时，是一位官员。在妻子去世后，他独自抚养紫式部和她的几个兄弟姐妹。

藤原也是位学者，热爱写诗。他在家教他的孩子们读书，偷偷教紫式部说汉语、学音乐、书法和日本诗歌（在当时，女孩子是不允许做这些事情的）。紫式部天资聪颖，学得很快。

在10世纪的日本，女孩通常在十几岁的时候结婚，但是紫式部和藤原宣孝结婚的时候，她可能已经20岁了。他们生了一个女儿叫藤原贤子。但不幸的是，两年后，藤原宣孝溘然长逝，对此紫式部久久不能释怀，悲痛欲绝。也许是想从丈夫去世的阴影中走出来，她开始写作。

紫式部花了很长的时间来写《源氏物语》。这本书讲述了皇子光源氏的冒险故事，全书共54回，由近800首诗歌和数百个人物组成。

《源氏物语》在当时非常受欢迎，因此紫式部得以入宫担任皇后彰子的女官，创作了皇后喜欢的以皇后为题材的艺术类型。颇具争议的是，紫式部教皇后学习汉语，就像她父亲教她一样，尽管这对女性来说仍然是不被允许的。

紫式部通过写日记的方式记录每天的皇宫逸事，还曾记录过女官们的流行装扮。她写道，她们的妆容是"黑齿白面"（应该还不错）。这些女官们也写作，她们的文学作品至今仍受到重视。

关于她余生细节的记录都很粗略。紫式部发现宫廷生活既可悲又无趣，据说在去世的前几年，她住进了寺院，但她并没有被世人遗忘。她去世千年以后，《源氏物语》仍在不断印刷，所以你现在仍然可以阅读到这本书！如果你想尝试一下，那么在开始之前你得坐得舒舒服服的，因为这本书原版超过1000页。

她会怎么做？

问题　天哪！你刚刚知道你要搬家，你非常不情愿。但情况变得越来越糟，你还要搬到这个国家的另一端去，在那里你一个人都不认识。如果是紫式部，她会怎么做？

建议　幸运的是，紫式部对这种情况有直接经验。她不只是搬家，她还搬到了皇家宫廷，那里的情况与她从小所处的环境大不相同，所以她通过写日记来记录。但如果紫式部是一个像你一样生活在21世纪的女孩，她应该会写博客，这是分享她的感受的绝佳方式，同时还能和朋友保持联系。试一试！

没有一种艺术或学习可以不用全心投入……而任何值得学习的艺术，视一个人投入心力的多寡，都必然得到或多或少的回馈。

——紫式部《源氏物语》

圣女贞德

少年领袖

圣女贞德相信，由她将法国从英格兰人手里拯救出来是她的使命——这就是她率军抗英的最初原因。唯一的问题是，她不是战士，她只是个十几岁的女孩，她怎么能幻想着带兵打仗呢？然而令人惊讶的是，她做到了！尽管她的胜利是短暂的，但她证明了只要相信自己，女性是有可能完成看似不可能的事情的。

姓名：**冉·达克**

出生日期：约1412年　逝世日期：1431年5月30日（约19岁）

国籍：法国

身份：军事领袖

圣女贞德（法语名为 Jeanne d 'Arc）出生在法国的栋雷米村，是一个农民的女儿。她从小生活在英法两国漫长而艰苦的战争中，这场战争被称为"百年战争"。当她十几岁的时候，英格兰人获得胜利，亨利六世掌权，法国新君查理七世加冕无望。

在这种情况下，圣女贞德第一次希望将英格兰人赶出法国，帮助查理七世登上王位。这是一个艰巨的任务。贞德才 13 岁，她只是一个贫穷的农家女孩，既不会骑马也不会打仗，怎么才能在战斗中击败英格兰军队呢？

但贞德想做一件事——集结一支军队去战斗。16 岁时，她拜访了当地的上尉博德里古伯爵以寻求帮助。如果他能带她去见查理七世，她就能将自己的计划告诉国王了，但是伯爵拒绝了。于是，贞德带着关于法国将在奥尔良附近战败的预言再次求见伯爵。当法军真的在战役中失利时，伯爵终于决定带她去见见国王。贞德将她的头发剪成男孩子的样式并穿上男装，

这样她就能跟士兵们混在一起了；然后他们就向宫殿进发了。

查理七世认为让一个十几岁的女孩来领导他的军队的做法非常荒唐，但如果她真是上天的使者呢？也许她真的能拯救法国……在国王犹豫不决的这段时间里，贞德学会了骑马和打仗。出人意料的是，查理七世居然同意了。1429 年 3 月，贞德骑马去了奥尔良。她举着国旗，和士兵一起投入战斗……最终取得了胜利。4 个月后，查理七世也终于加冕了。

贞德的连胜一直持续到 1430 年。这一年她被英格兰人俘虏并接受审判。她被指控多项罪行，包括使用巫术、穿男装和传播异端邪说。1431 年 5 月 30 日，19 岁的她被处以火刑。查理七世却从未为她辩护过。

圣女贞德去世 20 多年后，法庭重新进行审判，最终正式宣布贞德无罪。1920 年，她被封为圣女。现在，她被誉为法国的守护神。

她会怎么做？

问题 一想到要在全班同学面前讲话，你的内心就充满了恐惧，老师说你必须这么做，但是你做不到，你真的做不到。如果是圣女贞德，她会怎么做呢？

建议 圣女贞德在全军面前演讲时只有十几岁，是的，她可能会有点儿紧张，但是她做到了。面对你这样的情况，贞德首先会确保她对自己的讲话内容烂熟于心，然后对着镜子（或一堆旧玩具）不断练习。她会一直记着她的同学都站在她这一边，真心希望她能做好，然后她深吸一口气，自信地站上讲台。

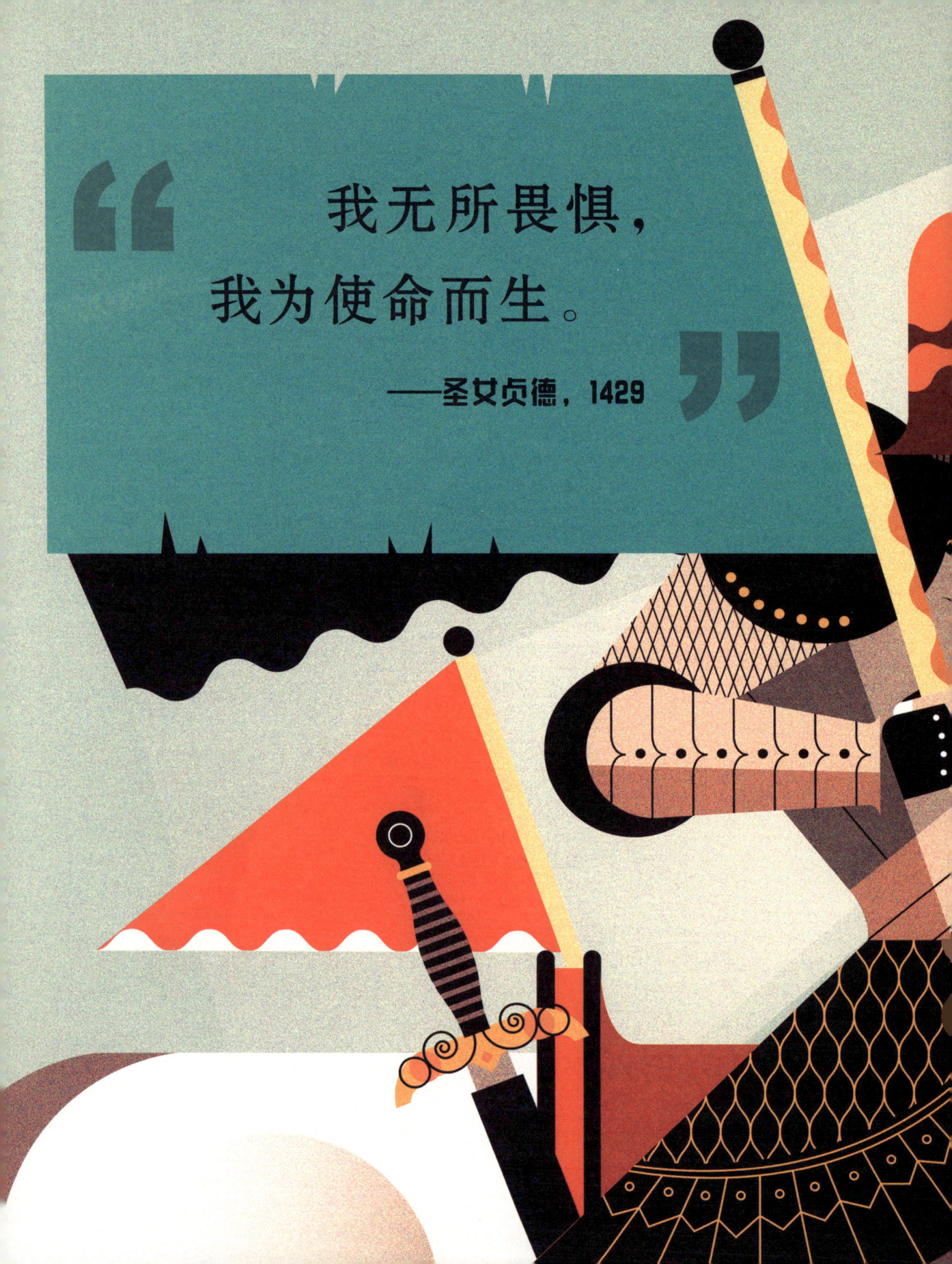

> 我无所畏惧，
> 我为使命而生。
>
> ——圣女贞德，1429

埃琳娜·皮斯科皮亚

优等生

埃琳娜·皮斯科皮亚热爱学习。她从年幼时就开始学习，并终其一生未曾真正停止过。出于对知识的无尽渴求，她学过数学、语法学、音乐、天文学、哲学、神学等，还有许多不同国家的语言。她是怎么做到的呢？毕竟，在 17 世纪，即使是男性也很少有接受教育的，更不用说女性了。对女性来说，接受优等教育在那个时代是闻所未闻的……

姓名：**埃琳娜·科尔纳罗·皮斯科皮亚**

出生日期：1646 年 6 月 5 日　逝世日期：1684 年 7 月 26 日（38 岁）

国籍：意大利

身份：哲学家、学者

埃琳娜的家族是罗马贵族的后裔，他们非常富有，才华横溢并接受过优良的教育；他们还与罗马天主教会有着密切的联系。所以当埃琳娜到合适的年龄时，她的父亲便聘请家庭牧师给她讲课。她非常喜欢！她学过哲学、神学、数学、科学、天文学和语法学，她还会说多种语言，包括拉丁语、希腊语、希伯来语、西班牙语、法语和阿拉伯语。

不仅如此，埃琳娜还是一位顶级音乐家：她学习了音乐理论，对 17 世纪的音乐了如指掌，她还学会了演奏乐器——羽管键琴、击弦琴、竖琴和小提琴。她没有学习其他乐器的唯一原因可能是那个时候它们还没有被发明出来。这还不是她作为音乐家的全部，她还会抽出时间来谱曲和演唱。

埃琳娜在 11 岁的时候就已经决定不结婚了（她一生未婚）。相反，她想成为一名修女。但她的父亲并不同意，他对埃琳娜另有打算。他知道女儿天资聪颖，他想让她上大学。父亲说服埃琳娜去申请帕多瓦大学神学博士学位（当

时的最高学位）。学校驳回了她的申请，原因是女性不能学习神学。因此，她转而申请攻读哲学博士学位。这一次，学校通过了她的申请。

32 岁时，埃琳娜准备参加答辩，答辩结果将决定她是否能够获得博士学位。大家都很激动，每个人都想听听她的演讲。由于迫切希望出席本次答辩的教授、学生和受邀的客人人数过多，学校又没有足够大的场地来举办这场答辩，因此答辩被移到了帕多瓦大教堂举行。埃琳娜没有让观众们失望，据说她的答辩无可挑剔，每个人都被她的智慧和知识折服（无论是考官还是旁观者都是如此）。帕多瓦大学授予了埃琳娜博士学位，她成为历史上第一位获得博士学位的女性。过了 3 个世纪以后，这所大学才再次授予了另一位女性博士学位。

毕业后，埃琳娜在帕多瓦大学教授数学课程，并成为许多科学院的成员。在余生中，她长期致力关爱贫困人群的慈善事业。当然，还有学习。她从未停止过学习，直到 38 岁时因患肺结核而逝世。

她会怎么做？

 问题　对你来说，珠穆朗玛峰的高度比起你的"作业山"简直是小巫见大巫。从哪儿写起呢？为什么明天就要交呢？啊啊！如果是埃琳娜，她会怎么做？

 建议　让我们面对现实吧。埃琳娜·皮斯科皮亚有点儿像个极客，她对所有的现实甘之如饴。她会迫不及待地把作业写完。也许她偶尔也会完不成作业，但她会向老师坦白。如果她有什么不明白的地方，老师可以给她讲解，甚至可能多给她一些时间来完成。然后，她就会全身心地写作业，因为她知道，她没有魔法棒，作业不可能会自动写完。你知道吗？可能最终完成作业比她想象的还要容易。

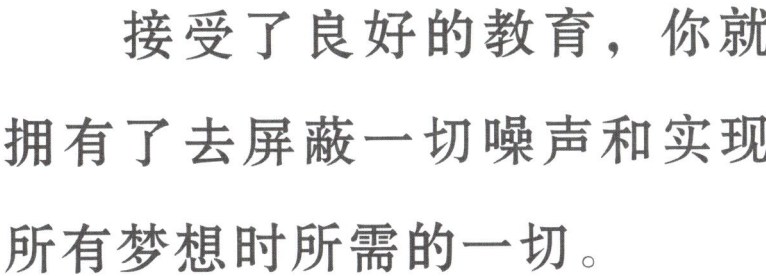

接受了良好的教育，你就拥有了去屏蔽一切噪声和实现所有梦想时所需的一切。

——米歇尔·奥巴马

叶卡捷琳娜大帝

俄国统治者

她可能确实是位大帝，但她不叫叶卡捷琳娜，她也不是俄国人。叶卡捷琳娜大帝的真名叫索菲娅，出生在一个古老的王国——普鲁士（包括今天波兰的一部分）。作为普鲁士公主，她登上俄国王位的道路是复杂、艰难和血腥的，但叶卡捷琳娜机智地排除了所有的障碍，登上了王位。一成为女皇，她就开始着手确保她的统治被所有人铭记于心。

姓名：**索菲娅·弗里德里克·奥古斯特·冯·安哈尔特·策布斯特**

出生日期：1729 年 5 月 2 日　逝世日期：1796 年 11 月 17 日（67 岁）

国籍：**普鲁士**

身份：**俄国女皇**

索菲娅的父母一直想要一个男孩，因此索菲娅的出生令他们非常失望，于是他们把索菲娅交给家庭教师照顾。家庭教师教索菲娅学习法语、德语、宗教、历史和音乐。但在索菲娅15 岁的时候，因为受过优良的教育，对她的家族而言，她变得很有利用价值。她的家族属于非常落魄的贵族，如果索菲娅能够嫁给一位真正重要的皇室成员，那么她的家族也会变得富有、地位显赫……

索菲娅 15 岁的时候接到了俄国女皇伊丽莎白的邀请。那是 1744 年，女皇的外甥彼得大公（也是她的继承人）到了娶妻的年纪。虽然索菲娅不太喜欢彼得，但她对俄国的王位非常感兴趣。此外还有宗教问题——索菲娅不像彼得那样是俄国东正教的教徒。她不顾父亲的反对，皈依彼得的信仰，改名叫叶卡捷琳娜。1745 年，他们结为夫妻，但这段婚姻并不幸福。8 年后他们才有了儿子，甚至在那时有传言说彼得不是孩子的父亲。

1762 年，伊丽莎白女皇去世后，她的外甥成了沙皇——彼得三世。他的新政策立刻激怒了俄国人民和他的妻子叶卡捷琳娜，一些人暗中计划着推翻他的统治。当彼得发现这个计划时，叶卡捷琳娜已经登上皇位，逮捕了他。她强迫彼得签署了一份退位文件。于是叶卡捷琳娜二世接管了俄国。

俄国皇位就像一块烫手山芋，叶卡捷琳娜不想像她丈夫一样被推翻，所以她首先要确保自己得到了其他贵族和军队的支持。她的下一步就是改革。她废除了传统的法律制度，制定新法，标榜法律面前人人平等。相比事后严惩罪犯，她更加注重预防犯罪。她还兴办免费学校，并撰写书籍，支持教育体系。由于她本人热爱艺术，她还大力支持艺术发展，尤其是戏剧、歌剧、芭蕾、音乐和绘画。她拿出一大笔钱投入圣彼得堡的建造上，使圣彼得堡成为欧洲著名的文化之都。

与此同时，俄国得到了巨大的发展，但是很多起义运动在各地爆发，其中最大的一次是发生在 1773 年到 1775 年的普加乔夫起义。这次起义得到了成千上万的农奴和农民的积极响应。虽然俄国军队最终镇压了起义，但这确实改变了叶卡捷琳娜对平等的看法。她赋予了贵族更多的权力来压制穷人，使他们处于控制之下。

有人说叶卡捷琳娜是一个开明的领导者，也有人说她太严厉了。但无论如何，她在位长达 34 年，直到 67 岁时去世。

她会怎么做？

 问题　你真是受够了社交应用程序里的班级群了！所有人都在数落你，但你又不能离开群聊，因为那样他们还会在背后取笑你。在这种情况下，叶卡捷琳娜大帝会怎么做？

 建议　叶卡捷琳娜大帝会对此毫不在意。说真的，她一生都在受人暗算，这些暗算从何而来？就是由于俄国皇帝的宝座。所以她会选择退出群聊，屏蔽联系人，她知道这些人欺负她只是为了得到回应，如果你对他们的故意为难不予理睬，他们也会自讨没趣，就此停止。然后她会把群聊的事告诉老师，让他们三思而后行。

 要温柔、有人情味、平易近人、富有同情心、思想开明……以至于让善良的人爱戴你，邪恶的人惧怕你，所有人都尊敬你。

——叶卡捷琳娜大帝

埃达·洛夫莱斯

计算机天才

埃达·洛夫莱斯看起来并不像是一个计算机程序员，她是放荡不羁的诗人拜伦勋爵的女儿。埃达的母亲非常担心她将来会像她的父亲那样，所以她试图让埃达沉浸在数学和科学的学习中。不可思议的是，这奏效了。埃达对这些学科产生了浓厚的兴趣，因此她把全部的空闲时间都花在了相关的研究上。当她面对计算机——19世纪最伟大的发明之一时，她比任何人都更能看到它的潜力……

姓名：奥古丝塔·埃达·金·诺埃尔，洛夫莱斯伯爵夫人

出生日期：1815 年 12 月 10 日　逝世日期：1852 年 11 月 27 日（36 岁）

国籍：英国

身份：数学家和计算机程序员

再也没有比埃达的父母更不相同的两个人了。她的父亲是著名的浪漫主义诗人拜伦勋爵，以放荡不羁著称。她的母亲安妮·伊莎贝拉·拜伦是一位天赋异禀的数学家，拜伦勋爵称她为"平行四边形公主"。他们短暂的婚姻在埃达出生几周后就结束了，当时拜伦夫人对她丈夫剧烈的情绪波动和不良的行为越来越担心，于是她带着埃达离开了。后来她们与拜伦勋爵再也没有见过面。

拜伦夫人最不希望女儿变成拜伦勋爵那样，因为她曾与这位喜怒无常、充满激情的浪漫主义者一起生活，她不希望再遇见"另一个拜伦"。诗歌并没有被列入埃达的课程表，但数学和科学却被列入了（万岁！）。这意味着埃达能够学习 19 世纪女孩很少能学到的课程（人们认为数学和科学对女孩子来说太难了，而且她们需要学习如何照顾家庭和家人）。埃达并不觉得这些科目有多困难，她在其中如醉如痴。她也很有创造力，对鸟类的飞行非常感兴趣，于是她设计了一种能飞的机械马，这种马的翅膀由蒸汽机驱动。当然了，埃达还要会骑这种马。

17 岁时，埃达遇到了著名数学家查尔斯·巴贝奇，他设计出了差分机——世界上第一台计算器，并向埃达展示了它的工作原理。巴贝奇鼓励埃达继续深入研究。后来，他请埃达将他的关于新型分析引擎（世界上第一台计算机）的文章翻译成英文。埃达非常出色地完成了任务，她不仅翻译了这篇文章，还补充了她自己的想法，解释了如何将分析引擎编程，从而使其比巴贝奇最初想到的功能更广泛。她的注记比原本的文章长 3 倍。但是当她的文章发表在科学期刊上时，她只使用了名字的缩写而非全名，因为那个时候，科学研究不应该是女人做的事情。

直到 20 世纪 50 年代，埃达的身份和她对计算机未来发展的贡献才被人们发现。现在，她被誉为世界上第一个计算机程序员。当美国国防部需要为其军事计算机控制系统命名时，他们选择了"埃达"这个名字，以此来纪念她。

每年 10 月的埃达·洛夫莱斯日被用来庆祝女性在科学、技术、工程与数学上的成就，并以此鼓励更多女性投身其中。毕竟，只让男性享受这些学科的乐趣太可惜了，难道不是吗？

> 一旦我可以完美地飞行，我就会转而执行一个关于蒸汽机的计划。

——埃达·洛夫莱斯

她会怎么做？

 问题

你的父母要离婚了，这太糟糕了。你有太多的疑问，脑子都快爆炸了，去哪寻找答案呢？如果是埃达·洛夫莱斯，她会怎么做？

 建议

埃达·洛夫莱斯的父母在她还是婴儿的时候就分居了，所以她没有真正经历父母离婚，但她很清楚成为单亲家庭的一员是什么感觉。她会建议你跟父母双方谈谈发生了什么事，也可能会建议你和有相似经历的朋友谈谈。然后她会再次向你保证，最后一切都会好起来的。

弗洛伦斯·南丁格尔

护理事业的开拓者

每当夜幕降临，弗洛伦斯·南丁格尔都会手执风灯，逐房查看伤员，因此士兵们都亲切地称她为"提灯女神"。但是，你知道吗，在弗洛伦斯之前，护理一直是个被公众看不起的职业，弗洛伦斯改变了这一局面。她创立了现代护理事业，制定了医疗卫生标准，改善了人们的医疗保健环境。我们无法计算她帮助过多少人并努力让他们逐渐康复。

姓名：**弗洛伦斯·南丁格尔**

出生日期：1820年5月12日　逝世日期：1910年8月13日（90岁）

国籍：英国　身份：护士和统计学家

弗洛伦斯·南丁格尔（实际上，她的名字取自她的出生地意大利佛罗伦萨）是家里的小女儿，她的父母都是家境优渥、有学问、有教养的社会名流。父亲毕业于剑桥大学，经常教她学习。她学习了数学、哲学、历史和几门外语（她很幸运，因为在19世纪早期，女孩通常不会接受如此高水平的教育）。对任何男人来说，谁娶了她就像获得了天大的奖赏。而弗洛伦斯认定自己命中注定要成为一名护士。如果她步入婚姻，那么她以后就只能相夫教子。在维多利亚时代，有钱人家的妻子是不允许工作的，所以她拒绝了两位男士的求婚。

还有一个问题，在维多利亚时代早期，护士的名声很差，大多数人都没有接受过正规的培训，她们工作的医院也很脏。弗洛伦斯的父母不赞成她的选择。但是在她去德国接受完护士培训回来照顾父亲之后，父亲改变了主意。弗洛伦斯仿佛是天生的护士，所以她很快便在伦敦找到了一份护理工作。

1854年，英国与俄国之间的战争在黑海畔的克里米亚半岛爆发了。在黑海的彼岸，受伤的士兵在恶劣的条件下接受治疗，他们急需护士的帮助。克里米亚没有女护士，但这并没有难倒弗洛伦斯。她找到38名志愿者，对她们进行了培训，然后向战区扬帆起航了。

当她们到达位于斯库塔里（现在是土耳其伊斯坦布尔的一个地区）的英国医院时，弗洛伦斯被吓到了。那里的条件令人震惊，病房里又脏又挤，老鼠、蟑螂和虱子四处传播病菌。与此同时，很多病人，甚至医护人员，都死于斑疹、伤寒、霍乱和痢疾……尽管弗洛伦斯和其他护士打扫了医院，把里面的东西都清洗干净，依然有伤员不断离世。更令人惊讶的是，死于医院的人比死于战场的人还要多，这是为什么呢？后来人们发现，医院就建在旧下水道上面。谜团就此解开了——水被污染了。下水道被清理干净后，伤员存活率大大提高，弗洛伦斯的努力终于带来了积极的成效。

克里米亚战争之后，弗洛伦斯名声大噪。维多利亚女王赠予她一枚胸针和一大笔奖金，她还希望弗洛伦斯能改善其他军队医院的条件。弗洛伦斯分析了统计数据，发现死亡是由肮脏的环境、劣质的食物和疾病导致的，所以她竭尽全力地解决了这些问题。然后，她用维多利亚女王的奖金资助了伦敦的圣托马斯医院，并创办了一所护士学校。接着，她又撰写了关于病人护理的文章，提到病房应该明亮干净，要针对不同的疾病设置不同的病房。她的建议被各医院沿用至今。

1907年，弗洛伦斯被授予荣誉勋章，成为第一位获得这一殊荣的女性。每年，在她生日当天，护士们都会庆祝国际护士节，以纪念这位为她们的职业做出巨大贡献的女性。

> 我认为一个人的感情用言语表达是一种浪费，它们都应该被转化为能带来成效的行动。

——弗洛伦斯·南丁格尔

她会怎么做？

 问题　你爱的人病了，你非常担心。他们什么时候能好起来呢？你不愿意看到他们这么难受，而且你特别想念和他们在一起的时光。如果是弗洛伦斯·南丁格尔，她会怎么做？

建议　不必烦恼。弗洛伦斯·南丁格尔可是世界上最著名的护士，所以她会努力照顾好他们，让他们好受一点。如果她像你一样每天都要去上学，她就会放学后或周末去看望他们。也许她还会带上棋盘游戏或书，也许她只是和他们聊聊天。但她会尽她所能让她的病人感到快乐，并希望他们尽快恢复健康。

哈丽雅特·塔布曼

为平等而奋斗的活动家

　　两个世纪前，哈丽雅特·塔布曼刚一呱呱坠地，就陷入了奴隶制的黑暗之中。她的生活比你想象的还要艰难，不过她决心逃跑。成功逃脱后，她便开始不惜一切代价地帮助其他奴隶逃跑。在她漫长的一生中，她一直在为废除奴隶制、争取黑人和妇女的公民权利以及选举权而奋斗。如今，她是美国人民心中的偶像。

姓名：**阿拉明塔·罗斯**

出生日期：约 1820 年　逝世日期：1913 年 3 月 10 日（约 93 岁）

国籍：美国

身份：民权活动家和美国内战期间的护士

哈丽雅特·塔布曼确切的出生日期无人知晓，因为在 19 世纪初，奴隶主不会记录这样的信息——她的父母都是奴隶。她原名叫阿拉明塔·罗斯（要弄清她为什么改名字，请继续往下读），她和父母以及 8 个兄弟姐妹一起住在美国马里兰州的一个大种植园里。很小的时候，她就在种植园里当家奴。这是一项艰苦的工作，而且和其他奴隶一样，她经常挨饿和挨打。

在她十几岁的时候，她为了保护另一个奴隶免受伤害，被一个秤砣砸中，导致头部严重受伤。她后来说，她没有死是因为她有一头浓密的头发，"长得像菜篮子似的"。尽管如此，她还是花了好几个月的时间才痊愈。长大后，她做了无麻醉的脑部手术（她的坚强简直令人难以置信），但她的余生饱受癫痫、头痛和耳鸣的折磨。

1844 年，阿拉明塔嫁给了约翰·塔布曼，但生活并没有变得轻松，她仍然在酷热中努力工作，而且经常挨打。更糟糕的是，她面临着被卖到另一个种植园的危险。所以，她决定采取行动，不能坐以待毙。她要逃到美国北方的自由州，那里已经废除了奴隶制。她把自己的名字改成了哈丽雅特（为了纪念她的母亲），这样要找到她就更难了。1849 年 9 月 17 日，她在黑夜中出发了……

哈丽雅特把北极星当作向导，它指引哈丽雅特走向自由。她在去北方的路上得到了好心人的帮助，那些热心帮助逃亡奴隶的人用信号（悬挂在家门外的地毯或灯）来表明在那里停歇是安全的，后来他们被称为"乘务员"。这条路线后来被称为"地下铁路"。终于到达费城时，哈丽雅特喜出望外，她自由了！但是哈丽雅特没有开始新的生活，而是回去营救她的家人，之后又多次往返，引导更多的奴隶沿着"地下铁路"走向自由。但后来由于法律的改变，为了安全，奴隶们不得不前往加拿大。这并没有难倒哈丽雅特，很快她就成为一名"地下铁路乘务员"，总共帮助大约 300 人逃离了奴隶制下的恐怖。他们用歌曲《马车从天上下来》做暗号，通知那些即将秘密踏上自由之旅的奴隶们。她从来没有被抓到过，在她的帮助下逃跑的奴隶中也没有一个人被捕。

然而，这还不是她全部的事迹。在美国内战（1861—1865）时期，哈丽雅特·塔布曼一边照顾受伤的士兵，一边充当间谍，还帮忙营救了另外 750 名奴隶，之后还继续为黑人争取权利。当你感到失落或无助的时候，问问自己，同样情况下，哈丽雅特·塔布曼会怎么做？

每一个伟大的梦想都始于一个梦想者。请永远记得，你内在有力量、耐心与热情，去完成壮举，改变世界。

——哈丽雅特·塔布曼

她会怎么做？

问题

有人在学校被霸道的同学欺负了，你很想帮忙，但是你怕如果你帮忙，霸道的同学也会把你视作眼中钉。如果是哈丽雅特·塔布曼，她会怎么做？

建议

哈丽雅特·塔布曼知道被虐待是什么滋味，她本人就是一个逃跑的奴隶。但她并没有停止反抗，她还帮助其他人逃跑。所以如果你看到学校里有人被欺负，她会鼓励你去帮忙。不要冷眼旁观，因为你这样做正好助长了霸道的同学的嚣张气焰。在确保安全的情况下，可以为被欺负的人挺身而出或者把这件事告诉大人，然后鼓励被欺负的人，你会让他们感觉温暖很多。

埃米琳·潘克赫斯特

伟大的妇女参政权论者

  好的，让我们先来搞清楚一件事情。参政权并不是为妇女徒增的麻烦，而是妇女在政治选举中投票的权利。这正是埃米琳·潘克赫斯特想实现的目标：让妇女在英国拥有选举权。令人难以置信的是，在她出生的时候，妇女没有选举权，一票也没有，并且也不是所有男人都拥有投票权。埃米琳·潘克赫斯特想改变这一切，问题在于，并不是所有人都支持她的观点……

姓名：埃米琳·潘克赫斯特

出生日期：1858 年 7 月 15 日 逝世日期：1928 年 6 月 14 日（69 岁）

国籍：英国

身份：妇女参政权论者

埃米琳·古尔登（"古尔登"为埃米琳的父亲的姓，她是在嫁给理查德·潘克赫斯特之后才改冠夫姓的）的家人同样都是热衷于政治且愿意发声的人，所以她如此坚持自己的信仰也就不足为奇了。她的父亲是一名镇议会议员，也是一名演员，她的祖父母曾陷入政治动荡；而她的母亲是《妇女选举权杂志》的读者。在埃米琳只有十几岁时，母亲就带着埃米琳一起去听编辑谈论选举权的会议，此后她还参加过无数这样的会议，而这次是头一回。埃米琳在巴黎完成学业后回到英国，遇到了一位叫理查德·潘克赫斯特的律师，他是妇女选举权的坚定支持者。他们很快结了婚，生了5个孩子。

他们共同努力，通过妇女选举权联盟来维护妇女权利，但支持者们在"哪些妇女应该获得选举权"一事上无法达成一致（潘克赫斯特夫妇认为妇女都应该拥有选举权，而一些人则认为应该只有单身妇女和寡妇才应获得选举权），因此这个联盟解散了。

埃米琳40岁时，她的丈夫离世。这使她悲痛欲绝，她只能靠自己一个人养活这个家，但她没有忘记为妇女争取选举权。1903年，她成立了妇女社会政治同盟，其目的便是为妇女赢得选举权。

多年来，人们一直在为争取妇女的选举权而奋斗，但并没有取得什么进展，所以妇女社会政治同盟决定做一些不同寻常的事情。她们不再客气，她们要制造一些动乱，也许到那时会引起人们的关注。所以她们在公开会议上大喊大叫，持续抗议并且示威。然而引起争议的是，她们的行为触犯了法律。她们把自己拴在栏杆上，向警察吐口水，破坏艺术品，砸烂窗户，炸毁火车站，放火焚烧邮箱和建筑物。

妇女社会政治同盟的行动奏效了。每个人都知道了这些抗议者，由于她们的对抗策略与以往"客气"的抗议者大相径庭，她们甚至被赋予了一个新的名字：妇女参政权论者。不幸的是，妇女参政权论者的行为也让她们锒铛入狱，甚至更糟。

后来第一次世界大战爆发，埃米琳停止了一切行动，努力参战。战争结束一个月后，议会终于给了一部分妇女（那些30岁以上的有财产的妇女）选举权。为什么呢？也许他们意识到妇女参政权论者是对的。10年后，议会法案最终赋予21岁以上的所有男性和女性选举权。

埃米琳会怎么做？

问题 你觉得班上的其他女生都比你聪明、有趣、擅长运动，而且更酷。有时候，你会觉得自己被一群优秀的人包围着，自己总是不够优秀。如果是埃米琳·潘克赫斯特，她会怎么做？

建议 埃米琳·潘克赫斯特会让你去照照镜子，看看镜子里那个迷人的女孩。她会提醒你，每个人都很重要，每个人的意见都有价值。这就是她为每个女性的选举权而奋斗的原因，然后她会指出你的过人之处，即使仅仅是一些与众不同的特色。毕竟每个人身上都有闪光点。

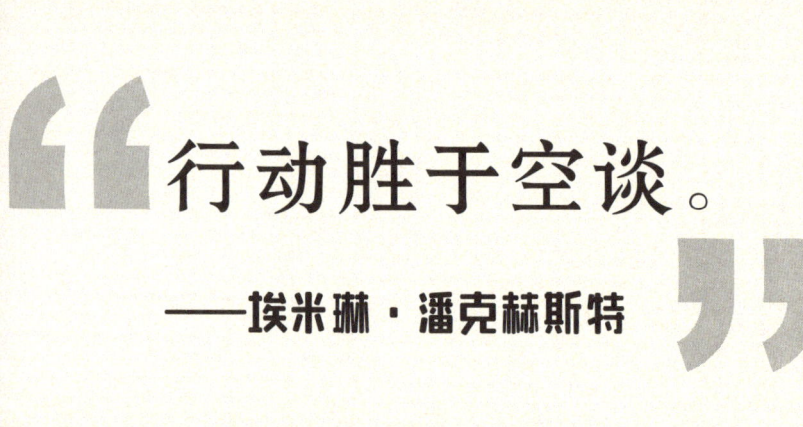

玛丽·居里

伟大的物理学家

　　玛丽·居里是一位荣获过诺贝尔奖的物理学家和化学家，但她在科学界的盛誉来之不易。首先，她努力学习科学知识，然后用了多年时间在一个旧棚子里进行实验研究。功夫不负有心人，她的努力付出终于得到了回报。

姓名：曼娅·斯可罗多夫斯卡·居里

出生日期：1867 年 11 月 7 日　逝世日期：1934 年 7 月 4 日（66 岁）

国籍：波兰裔法国籍

身份：科学家

玛丽·居里在波兰华沙以曼娅·斯可罗多夫斯卡的身份开启了自己的人生。在 20 世纪初期，对那些不支持俄国统治的人来说，他们在波兰的生活并不如意。学校抵制科学，但曼娅的父母都是热爱科学的教师。所以，为了不被学校打压，她的父亲干脆直接把他的实验室从学校搬到了家里，并在家里教他的孩子们。

曼娅是一名出色的学生，但是让她接受更高层次的教育却是一个大问题。在波兰，只有男性才能上大学，因此，她只得就读于一所名为"流动大学"的非法学校。为了不被俄国的政府官员发现，这所学校需要定期更换地址。在此期间，她还在努力地攒钱，为的是进入著名的巴黎大学。直到 24 岁，曼娅才来到巴黎；终于到达法国后，曼娅（后来她把自己的名字改成了玛丽）便一头扎进了物理和数学的科学研究中。

在巴黎大学，玛丽邂逅了物理学教授皮埃尔·居里。他们在 1895 年结婚，后来成为科学史上最伟大的夫妻之一。居里夫妇对亨利·贝可勒尔发现的放射性现象很感兴趣，于是他们继续深入研究。事实上，是他们创造了"放射性"这个术语。经过多年的努力，他们分离出了放射性元素钋和镭。他们的发现为癌症治疗方面做出了巨大贡献。

1906 年，皮埃尔·居里在过马路时不幸遭遇车祸去世。玛丽虽深受打击，但她依然接替皮埃尔的职责担任了普通物理学教授，成为巴黎大学理学院第一位女教授。1914 年，她被任命为巴黎大学镭研究所居里实验室主任。只要一有机会，她就提倡使用镭来帮助病人治疗。在第一次世界大战期间，她组装了一台可移动的 X 射线装置，在战场附近诊断士兵的受伤情况。她还培训其他人使用 X 射线仪，甚至亲自驾驶卡车上前线。那辆卡车被称为"小居里"。据说玛丽在战争期间帮助了 100 多万名士兵。1934 年，由于长期暴露在辐射下，玛丽去世了，享年 66 岁。

1903 年，玛丽·居里、皮埃尔·居里和亨利·贝可勒尔共同获得诺贝尔物理学奖，她是第一位获得诺贝尔奖的女性。1911 年，她还获得了诺贝尔化学奖，她是唯一两次获得诺贝尔奖的女性，也是到目前为止唯一在两个不同的科学领域获得诺贝尔奖的人。更令人震惊的是，玛丽的女儿伊雷娜·约里奥-居里在 1935 年也获得了诺贝尔化学奖。这是目前为止唯一都获得过诺贝尔奖的母女。所以如果有人告诉你女孩和科学天生不搭，就给他们看看这本书（然后用它反驳他们）。

生活对我们每个人来说都不容易，但那又怎样呢？我们应该有恒心，尤其要有自信心。我们必须相信我们在某件事情上有天赋，并且能让这件事情得以实现。

——玛丽·居里

她会怎么做？

 问题　学校马上要组织一场考试，这对你来说是个大难题，你非常担心自己会考试不及格。如果是玛丽·居里，她会怎么做？

建议　玛丽·居里是个勤奋的人，她的重大发现并非一蹴而就，在此之前她花了多年的时间去做实验研究。这可能意味着她的建议是复习复习再复习（抱歉）；但也别整天埋头学习。玛丽也是名老师，所以她知道这样能缓解对考试的恐惧（如果有一些模糊不清的知识点，复习也可以帮到你哦）。

弗吉尼亚·伍尔夫

自由的思想家

在 20 世纪初的英国，女性的人生基本上是被安排好的。她们会早早地结婚，照顾家庭，往后余生也就如此了。弗吉尼亚·伍尔夫以挣脱时代束缚而闻名，她成了一名作家，有着与同时代英国女性截然不同的人生。可能弗吉尼亚的一些选择让人大跌眼镜，但她不在乎，因为她在做自己想做的事情，并且她成功了。

姓名：**阿德琳·弗吉尼亚·斯蒂芬·伍尔夫**

出生日期：1882 年 1 月 25 日　逝世日期：1941 年 3 月 28 日（59 岁）

国籍：英国

身份：作家、记者

弗吉尼亚·斯蒂芬出生在一个书香门第，她的父亲是作家，也是历史学家，她的母亲曾为著名的画家当过模特。她的父母步入婚姻殿堂前都曾丧偶，所以弗吉尼亚和同父异母的兄弟姐妹，以及自己的姐姐瓦妮莎、两个弟弟阿德里安和索比一起长大。男孩子们被送到学校，后来进入剑桥大学，而女孩子们只能在家里接受教育（幸运的是，她们有一个巨大的图书馆）。尽管弗吉尼亚的父母教她和瓦妮莎学习古典文学、英国文学、拉丁语、法语和历史，但弗吉尼亚仍然不满足：为什么女孩不能接受和男孩一样的教育呢？！

弗吉尼亚一直都热爱写作（写作时，她经常会找一支用起来感觉舒服的钢笔），但直到 18 岁，才开始了她正式的写作生涯。4 年后，她的第一篇文章发表了，其内容与勃朗特三姐妹在霍沃思的家相关，接着她又为《时代文学增刊》撰稿。作为女性，是不被允许在国王学院学习的，所以她不得不去规模相对小很多的国王女子学院分院学习。在那里，她结识了那些致力让女性能够接受到高等教育的人，而女性教育改革正是她最关心的话题之一。

弗吉尼亚 13 岁那年，她的母亲去世了。几年后，她的父亲和弟弟索比相继去世。后来，瓦妮莎和弟弟阿德里安卖掉了房子，全家搬到了布卢姆斯伯里，这是伦敦市中心一个以博物馆、大学和医疗机构而闻名的高档街区。但由于弗吉尼亚和她的朋友们的存在，这个地区很快就因为一些完全不同的东西而闻名——布卢姆斯伯里组织（一个由英国作家、知识分子和艺术家组成的组织）。

布卢姆斯伯里组织这个文化圈子聚集了很多聪颖的、有文学和艺术修养的人，他们聚在一起讨论各种思想，许多人开始彼此深交，包括弗吉尼亚。在这里，她遇见了她的丈夫伦纳德·伍尔夫。她还与著名诗人、园林设计师维塔·萨克维尔-韦斯特有过交往。不久，布卢姆斯伯里组织就因其关于文学、艺术和和平主义的现代思想而闻名。

在此期间，弗吉尼亚的第一部小说《远航》于 1915 年出版。两年后，她和伦纳德成立了霍加斯出版社，出版了她的大部分其他作品，包括小说《达洛维夫人》（1925）和《到灯塔去》（1927）。她的意识流写作手法新颖而富有诗意，深受读者的喜爱。她最著名的非虚构作品是《一间自己的房间》（1929），在书中，她认为女性需要有自己的工作空间和足够的钱来支持自己的写作事业，而这些特权在当时通常只有男性才能享有。

1941 年，弗吉尼亚去世。虽然弗吉尼亚已故，但是她的作品得以长存。

> 真的，我愿意大胆猜测，那个写了这么多诗而不署名的"无名氏"通常是一个女人。
>
> ——弗吉尼亚·伍尔夫

她会怎么做？

问题　你是个外星人。这只能是唯一的解释，否则为什么你会觉得自己和这个星球上的其他人不一样呢？你应该尝试做出改变吗？如果是弗吉尼亚·伍尔夫，她会怎么做呢？

建议　弗吉尼亚·伍尔夫与大多数人不同，她坚持自己原本的样子，所以她肯定不会做出改变。她很清楚，和别人不一样或感觉和别人不一样都无所谓，谁又能说他们就是对的而你是错的呢？她还可能会暗示你，在这个世界上有这种感觉的人不止你一个，你早晚会遇到知己。

阿梅莉亚·埃尔哈特

飞行员先锋

　　阿梅莉亚·埃尔哈特以惊人的飞行成就闻名，但她同时也给今天支持男女平等的人带来了极大的鼓舞。她鼓励女性去考虑从事任何职业，包括那些传统上被认定为只适合男性的职业；而且，她通过自己在航空事业上的出色表现，证明了女性的能力是无限的！

姓名：**阿梅莉亚·玛丽·埃尔哈特**
出生日期：1897 年 7 月 24 日　逝世日期：1937 年 7 月 2 日（39 岁）
国籍：美国　身份：飞行员

阿梅莉亚·埃尔哈特并不符合 20 世纪初人们眼中的女孩该有的样子。她会整天与编织和缝纫为伴吗？噗！她可是一个整天爬树、开雪橇和抓老鼠的女孩儿。她不会因为有人说工程学、电影导演和法学不适合女孩就认为自己不行，恰恰相反的是，她还保留了一本剪贴簿，里面记录着在这些领域里表现出色的女性。

当阿梅莉亚只有 10 岁的时候，在一次航展上，一名飞行员向她做了一个俯冲的动作。也许他只是想吓唬吓唬她；如果真是这样的话，那么适得其反了，因为他的行为激发了阿梅莉亚对飞行的兴趣。13 年后，她开始了人生的第一次飞行，瞬间就被飞行深深地吸引。

1921 年 1 月 3 日，阿梅莉亚开始了她的第一堂飞行课。6 个月后，她不仅成了一名飞行员，还拥有了一架自己的飞机。那是一架亮黄色的双翼飞机——她给它取名为"金丝雀"。然后，她决定要像男人们那样去创造飞行纪录，第二年，她便成为第一位飞到 4267 米高空的女性。

1928 年，有人问她是否愿意成为第一个飞越大西洋的女性；很显然，她非常愿意，并且和她的同事比尔·斯塔尔茨、斯利姆·戈登一起完成了此次飞行。1928 年 6 月 17 日，他们

飞离纽芬兰，历史性地于 21 小时后在威尔士着陆。当她回到纽约的时候，人们举行了盛大的游行来迎接她，这下她在美国乃至全世界都出名了！

在那以后，飞行纪录一个接一个被阿梅莉亚打破。当时只有查尔斯·林德伯格一人曾独自驾驶飞机飞过大西洋，阿梅莉亚想成为第二人，同时也是首位独自飞越大西洋的女性。1932 年，她做到了。1935 年，她成为第一个独自从夏威夷飞往美国本土的人，也是第一个独自从墨西哥城飞往纽瓦克的人。她再也不用和男性创造的纪录竞争了，因为她创造了全新的纪录。

随后便是一个更大的挑战。她能做环球飞行吗？她打算试一试。1937 年 6 月 1 日，她和她的领航员弗雷德·努南从佛罗里达州的迈阿密起飞。4 个星期后，他们驾驶的洛克希德公司的"厄勒克特拉"号 10E 型飞机降落在巴布亚新几内亚。7 月 2 日，它再次起飞，飞往太平洋中部的一个小岛。不幸的是，阿梅莉亚·埃尔哈特这次没能成功。但人们从未忘记过她曾经的尝试。

她会怎么做？

问题　你的手机真的是破烂到家了。好吧，其实并没有，但是你就是有那种感觉。你非常想要一部新手机，但是大人们都坚决地说"不行"。如果是阿梅莉亚·埃尔哈特，她会怎么做？

建议　阿梅莉亚·埃尔哈特想要的东西比手机更大更贵，她想要的是一架飞机，但是没人会给她买这架飞机！于是她会为了买这架飞机去电话公司工作，去当卡车司机，或者当摄影记者。所以，她可能会建议你也这样去做，直到你攒够钱能买到一部手机为止。

> 我很清楚其中的危险，我想这么做，只是因为我想这么做。女人必须像男人那样勇于尝试。这样就算她们失败了，她们的失败对别人来说仍是挑战。

——节选自阿梅莉亚·埃尔哈特
最后一次飞行前写给丈夫的信

弗里达·卡洛

特立独行的艺术家

弗里达·卡洛因为许多事情而出名，她的艺术作品广为人知，尤其是她令人惊叹的超现实主义自画像。弗里达不喜欢循规蹈矩地行事，她只做自己想做的事，用艺术来描绘自己的人生。

姓名：**马格达莱娜·卡门·弗里达·卡洛·考尔德伦**

出生日期：1907年7月6日　逝世日期：1954年7月13日（47岁）

国籍：**墨西哥**

身份：**艺术家**

弗里达出生于20世纪早期的墨西哥城，那时她从未想过要成为一名艺术家，而是想做一名医生。然而在她18岁的时候，在一场车祸中，一辆大巴撞碎了她的梦想，甚至几乎要了她的命。她的身体被一根金属扶手刺穿，断了很多根骨头。尽管做了很多次手术，但她的余生都饱受疼痛的折磨。

但她并没有放弃生活的希望。弗里达一直很喜欢画画，所以她在身上的石膏上画满了美丽的蝴蝶。父母给了她一个能让她在床上画画的特制画架后，她就开始在画布上画画了。她的许多作品都是自画像，这些自画像表达了她的痛苦。后来，她开始进行康复治疗，最终又可以独立走路了。

弗里达·卡洛也是一名共产主义者，她认为土地、商贸和财产应该由每个人共有和共享。1928年，她遇到了同为共产主义者的墨西哥壁画家迭戈·里韦拉，并询问他对自己的作品有何看法。

里韦拉发现了弗里达的绘画天赋，并鼓励她继续画画。第二年，他们结婚了，却争吵不断。1939年，他们离婚了，下一年又复婚。弗里达的许多画作都表现了她在婚姻里所感受到的焦虑。

弗里达的作品很有特色，她鲜明的、具有象征性的风格反映了墨西哥的文化。她的作品色彩鲜艳，但同时也蕴含深意。例如，对弗里达来说，叶绿色象征着悲伤和科学，黄色代表疯狂、疾病、恐惧和快乐。

1938年，她独自前往纽约，举办她的第一次个人作品展；之后许多展览接踵而至。很快，她的作品开始在世界各地展出，但她还是只因是迭戈·里韦拉的妻子而出名。与此同时，疾病不停地折磨着她，她的身体每况愈下，最终于1954年与世长辞。

弗里达·卡洛直到去世20多年后才闻名于世。如今，她是世界上最著名的艺术家之一。虽然她的作品经常被归为超现实主义或魔幻现实主义，但她否认这一点。她说："我不画梦，我画我的现实。"

> 我知道的唯一事情是，我画画是因为我需要这样做，我画所有出现在我脑海中的东西，不加任何考虑。
>
> ——弗里达·卡洛

她会怎么做？

 **问题**　杂志上的女孩又高又瘦，皮肤白皙，她们没有尖鼻子或者大屁股。你不愿意看到镜子里的自己，因为你看起来是那么糟糕。在这种情况下，弗里达·卡洛会怎么做？

建议　弗里达·卡洛的眉毛又粗又密，两条眉毛还连在一起，她还有着些许小胡子。她介意吗？不，她毫不在意。相反，她还在自画像中放大了这些特征，因为她对自己的样子感到自豪。她也会告诉你要以自己为傲。如果你又矮又胖，脸上还有斑，那是因为你不像杂志上的女孩被精心打扮过。她们可能看起来很完美，但你很真实。你要知道，你特别棒！

罗莎·帕克斯

美国民权之星

　　罗莎·帕克斯出生时，美国部分地区正实行种族隔离政策。这就意味着许多日常生活中的事情，黑人和白人是要分开做的：有各自的学校，各自的游泳池，各自的卫生间，甚至还有各自的饮水机。罗莎讨厌这样，但她做梦也没有想到，自己一个简单的勇敢行为会改变这一切……

姓名：**罗莎 · 路易丝 · 麦考利 · 帕克斯**

出生日期：1913 年 2 月 4 日　逝世日期：2005 年 10 月 24 日（92 岁）

国籍：美国

身份：民权活动家

罗莎 · 帕克斯两岁时父母离异，她和弟弟、妈妈一起在外祖父母的农场长大。他们住在亚拉巴马州首府蒙哥马利附近。对黑人来说，那段时间是恐怖的，因为许多南方白人对他们心怀怨恨，他们会把自己的麻烦归咎于黑人；成千上万的非裔美国人被私刑处死。也就是说，他们是被愤怒的白人暴徒谋杀的——被枪杀，被绞死，或者两者都会发生。罗莎对这些事情有所耳闻。同时，她也被白人孩子欺负。

在学校，罗莎努力地学习。她的母亲是一名教师，教育对这个家庭来说非常重要。但在亚拉巴马州，罗莎所在的学校和白人孩子的学校是不一样的。白人孩子的学校设备齐全，而非裔美国儿童的学校只有一些基础的设施，供应匮乏。但尽管如此，为了照顾外祖母和母亲，罗莎不得不早早地离开了学校。她非常努力地工作，这样就能挣够学费重回高中学习并顺利毕业了。

罗莎 19 岁时嫁给了雷蒙德 · 帕克斯，他是全国有色人种协进会（NAACP）的成员，罗莎成为蒙哥马利地区第一个加入此协会的女性。

除了在学校、游泳池、饮水机前、公共厕所被隔离以外，黑人和白人被隔离的地方还有很多。有一种要求让罗莎非常生气，那就是黑人必须坐在公交车后排标有"有色人种专用"的座位上——当时公交车司机有权要求人们坐在哪里。1955 年 12 月 1 日，司机要求罗莎站起来给一个白人男子让座，她拒绝了司机的要求，并且一直坐在座位上以示反抗。

人们报了警，罗莎被逮捕了，被罚款 10 美元，因为她违反了司机有权利分配座位的法律。但她拒绝支付罚款，并与其他黑人达成了共识，决定共同抵制蒙哥马利的公交车。

他们想要干什么？

结束公交车上的种族隔离政策。

什么时候结束？

立刻。

事实上，这次和平的大规模抗议活动历时 381 天才达到目的。最终美国最高法院否决了蒙哥马利的种族隔离法，抗议者们胜利了！现在，每个人都可以坐在任何他们想坐的公交车位置上。更让人欣慰的是，民权运动一直在进行，最终促成了 1964 年的民权法案。种族歧视成了非法的了，任何人都可以使用任何公共设施，而这一切的改变都是因为罗莎。

此后，罗莎继续为非裔美国人的权利而奋斗，并被授予国会金质奖章和总统自由勋章。1999 年，《时代》杂志将罗莎 · 帕克斯列为 20 世纪最具有影响力的 20 位人物之一。

她会怎么做？

问题 　你被排除在某个群组之外，而你班上的其他女生都是这个群组的成员。为什么？！你不明白为什么会这样，这让你非常气愤。如果是罗莎·帕克斯，她会怎样做？

建议 　罗莎·帕克斯反对歧视行为，她认为所有人都应该受到相同的对待。她会搞清楚为什么自己没有被包括在内，然后直接处理这个问题。罗莎会联系群管理员，要求他们停止不公平的行为，很有可能他们会立即做出让步，把你加入这个群组；但如果他们不这么做，她会继续反抗，并且让别人注意到她的反抗。

> 我希望作为渴求自由的人而被人铭记……这样一来，其他人也会得到自由。
>
> ——罗莎·帕克斯

简·古多尔博士

黑猩猩的守护者

简·古多尔是灵长类动物学家，对黑猩猩有非常深入的了解。她用了半个多世纪的时间耐心观察它们的生活、行为以及彼此之间的互动。她不仅在研究黑猩猩方面是世界级专家，还始终致力黑猩猩的保护工作。尽管她现在已经80多岁了，但仍在呼吁人们保护动物和环境。

姓名：**瓦莱丽·简·莫里斯-古多尔**

出生日期：1934 年 4 月 3 日

国籍：英国

身份：黑猩猩专家和自然环境保护主义者

简·古多尔对动物的热爱可以追溯到她一岁生日的时候。当时她收到了一个名叫"朱比里"的黑猩猩玩偶。这个玩偶是为了庆祝 1935 年伦敦动物园第一只黑猩猩的诞生而特别制作的。简很喜欢这个黑猩猩玩偶，至今仍然保存着。但那时没人想到她后来会经历多少困难，走到多远的地方去照顾真正的黑猩猩……

简小的时候就对动物的行为表现很着迷。有一次，她下定决心要亲眼看看鸡是怎样下蛋的，于是她躲在鸡舍里 5 个小时（在此期间，家人以为她失踪了，还报了警）。

简成长的英格兰南部有很多鸡，外来动物却很稀缺，所以她梦想着去遥远的地方……比如非洲。为了攒钱去非洲，她做过秘书和服务员。1957 年，她的机会来了——学校的一个朋友邀请她去肯尼亚。

在内罗毕，简遇到了路易斯·利基——一位出生在肯尼亚的英国古人类学家，他当时正在非洲研究人类的起源。他给了简一份当黑猩猩研究员的工作。自此，简便全身心地投入坦桑尼亚贡贝自然保护区的研究工作中。在那里，她看到一只黑猩猩把一根树枝做成勺子，然后把它伸到一个白蚁窝里去舀白蚁吃。这是一个重大的发现。多年以后，她说道："在那个时候，人们认为只有人类会制造和使用工具……然而，我却目睹了一只黑猩猩制造和使用工具的过程。"这一发现将改变人们对黑猩猩和人类的看法。

有时候，简的研究方法也会受到批评。比如她给黑猩猩取的是人名而不是数字，有人说这会让她对黑猩猩的看法缺少客观性。但令人难以反驳的是，经过在坦桑尼亚对黑猩猩进行长达 55 年的研究之后，关于黑猩猩的行为她有了许多惊人的新发现，这一事实足以让她成为无可争议的世界级专家。

1977 年，她成立了简·古多尔研究所，其目的是鼓励人们一起努力去"拯救我们共同拥有的自然世界"。该研究所称："简·古多尔博士为研究黑猩猩精彩的生命而走进森林，又为了保护它们而走出森林。"

1991 年，简创立了"根与芽"——一个由年轻人主导的社区行动组织。它的目的是什么？是让世界变得更加美好。"根与芽"最初只在坦桑尼亚有 12 名学生，现在已经发展到在 130 个国家拥有超过 15 万名成员。

令人瞩目的简·古多尔还获得了众多奖项，包括京都奖、本杰明·富兰克林生命科学奖章、雨林联盟冠军奖和英国灵长类动物保护协会奖等。2002 年，她被任命为联合国和平使者。次年，她被授予女爵士爵位。

多么耀眼的一颗明星啊。

她会怎么做？

问题

你非常、非常、非常想要宠物——小猫、小狗、兔子、仓鼠、沙鼠或者鱼，什么都可以（或者说，你很喜欢松狮蜥的声音）。但是你的父母说不行。面对这种情况，简·古多尔会怎么做？

建议

这确实是一个棘手的问题。有些父母就是不喜欢养宠物，或者他们可能担心你慢慢地失去兴趣后，最终还得由他们来照料宠物。我们不确定简·古多尔会怎么说，但她可能会建议你现在去动物收容所或救援中心做志愿者，然后你就可以体会到当你有一只宠物时，亲身照顾它是一种怎样的体验。

> 母亲总是教导我们，如果人们不同意你的观点，最重要的是先倾听他们的观点。但如果你仔细听完后仍然认为自己是对的，那么你一定要有勇气坚持自己的观点。
>
> ——简·古多尔

瓦莲京娜·捷列什科娃

女性航天员

　　人类的太空飞行是一件非常了不起的事情。自 1961 年以来，成功的只有几百人，瓦莲京娜·捷列什科娃就是其中一员，而且是第一位进入太空的女性。这么一个完全不起眼的俄罗斯人是怎么做到的呢？很简单，她会尝试去做那些常人不敢想的事情，正是这种能力使她脱颖而出。之后的事，就是人们所说的，她创造了历史。

姓名：**瓦莲京娜·弗拉基米罗夫娜·捷列什科娃**

出生日期：1937 年 3 月 6 日

国籍：俄罗斯　　身份：航天员

瓦莲京娜·捷列什科娃出生于苏联西部的一个村庄，父亲是一名拖拉机司机，母亲是一名纺织工人。在她两岁的时候，父亲在二战中牺牲，母亲独自把 3 个孩子拉扯大。瓦莲京娜 16 岁的时候离开学校，和母亲在同一家纺织厂工作，但她通过函授课程继续学习。与此同时，她还有一个爱好，那或许是世界上最酷的爱好之———跳伞。

时间快进到 20 世纪 50 年代，太空竞赛开始了，这是美国和苏联之间的一种非官方竞争。两个超级大国都想展示自己在航天方面更胜一筹的实力，所以都竭尽全力去争取抢先达到每一个太空里程碑。苏联人在 1957 年发射了第一颗人造卫星"斯普特尼克一号"，在竞赛中拔得头筹；然后他们又在 1961 年首次将人类送入太空，这位太空人叫尤里·加加林。接下来，他们决定将第一位女性航天员送入太空，以延续他们的胜利。

400 名女性被列入首位女性航天员的候选名单。还记得跳伞吗？这是一种在结束太空飞行之后返回地面时超级简便的方式。由此，瓦莲京娜确实赢在了起跑线上，于是，她被列入

初选名单。随后，她又进入了入围名单，并开始接受航天员的训练。这对她来说是一项艰巨的任务，她的训练内容包括在温度超过 70 摄氏度的模拟舱中生存，以及在隔离室中生存 10 天。她进行了无重力飞行，做了很多很多次跳伞。结果终于尘埃落定，瓦莲京娜脱颖而出。

1963 年 6 月 16 日，26 岁的瓦莲京娜·捷列什科娃乘坐"东方六号"飞船快速穿过地球大气层，成为首位进入太空的女性。在飞行中，她引用了诗人弗拉基米尔·马雅可夫斯基的话："老天爷，请脱帽！我来了！"之后她环绕地球飞行 48 圈，3 天后从至少 6000 米的高空跳伞返回地面。她的母亲得知真相后非常惊讶，因为瓦莲京娜告诉她，她只是去参加跳伞比赛。

那么瓦莲京娜接下来做了什么呢？接着，她以优异的成绩从军事航空学院毕业，成为苏联军队中第一位女将军。她担任苏联妇女委员会主席达 21 年，并和另一位航天员结了婚，生了世界上第一个父母都曾去过太空的孩子。2013 年，她谈到了自己想参加火星任务的梦想。"我准备好了。"时年 76 岁的瓦莲京娜·捷列什科娃说。

她会怎么做？

 问题 你认识的每个人都对今后的人生做好了打算，而你却没有，这让你惶恐不安。如果你到 18 岁还没有确定你喜欢的职业怎么办？以后会怎么样？如果是瓦莲京娜·捷列什科娃，她会怎么做？

 建议 当瓦莲京娜·捷列什科娃还是个孩子的时候，无论她平时站在地面抑或跳伞时飘于地表之上，她都绝不可能知道自己将来会去往太空。因为太空旅行技术还未被发明出来。然而，她知道自己喜欢跳伞，所以她就去做了。我们不知道瓦莲京娜会说什么，但她可能只是建议你去做能让自己快乐的事情。

一只鸟不能只用一个翅膀飞翔，如果没有女性的积极参与，人类航天事业永远不能进一步发展。

——瓦莲京娜·捷列什科娃

田部井淳子

顶级登山运动员

　　田部井淳子居然成了一名登山运动员，这打破了许多人对她的刻板印象。她个头很小——身高不到 150 厘米，小的时候，很多人觉得她身体瘦弱——而且最富有争议的还是她女性的身份。50 年前，登山不是女性应该做的事情，经常有人对她说，她应该在家相夫教子。但是登山是她热爱的事业，淳子下定决心要征服世界各地的高山，包括每一个大陆的最高峰。

姓名：**田部井淳子**

出生日期：1939 年 9 月 22 日　逝世日期：2016 年 10 月 20 日（77 岁）

国籍：日本

身份：登山家

1949 年，淳子在一次学校旅行中爬上了她人生中的第一座山，那是一座名为那须岳的活火山，位于她居住的日本本州岛。她当时就被登山运动深深吸引了。这个活动不单单是一场比赛，还是一次巨大的挑战。（特别提醒一下，那须岳海拔有 1900 多米，比英国最高峰本尼维斯山高出近 50%，并且当时淳子只有 10 岁，哇哦！）

不幸的是，登山是一项昂贵的运动，淳子的家人根本负担不起。因此她暂时放弃成为一名登山运动员的想法，转而接受了师范教育。大学毕业后，她加入男子登山俱乐部，但有一些人对她说三道四，说她所做的一切都是为了钓一个金龟婿。她并没有这么想过，但她还是在谷川岳的山坡上遇到了命中注定的那个人。从那时起，她的丈夫田部井政伸——一位著名的登山者，竭尽所能地支持淳子对登山运动的热爱。

1969 年，淳子创办了一家女子攀登俱乐部，口号是"女性自己也能海外远征"。但她们再次受到多方的嘲讽。在当时的日本，男性应该外出赚钱养家，而女性则被要求在家相夫教子。

当淳子试图为喜马拉雅山脉的探险筹集资金时，有人告诉她，她和其他登山队员应该在家照顾孩子。所以，淳子一边做着科学期刊编辑的工作，一边兼职打工赚钱来填补登山所需的资金。1970 年，该俱乐部的女性登山者成功攀登了安纳普尔纳 III 峰（7555 米），其中包括淳子在内的 4 位成员成功登顶。

接下来，该团队决定尝试攀登珠穆朗玛峰（8848.86 米），但是因为团队需要等待一条合适的攀登路线，所以她们等到 1975 年才如愿。淳子在攀登珠穆朗玛峰的途中遭遇雪崩，但她幸存下来，最终于 1975 年 5 月 16 日登上了珠穆朗玛峰的尖顶，成为征服世界最高峰的第一位女性。淳子一时名声大噪。

在攀登各大高峰的时候，淳子意识到登山者对环境的影响。从那时起，她开始为不破坏生态平衡的登山运动四处奔走，并在大学中修读相关研究生课程。淳子后来勇攀各大洲的最高峰，成为第一位征服了世界七大高峰的女性。到 69 岁的时候，她已经攀登了 160 座山峰。

真的是太棒了！

她会怎么做？

 问题　　你的学校正在为你最喜欢的慈善机构筹款，这样可以为一些能帮助很多人的大型活动提供资金。但是筹款越来越难，每个人都已精疲力竭，尽管你们快要成功了。如果是淳子，她会怎么做？

建议　　别人的萎靡不振并不意味着你要放弃。淳子是一名登山运动员，所以她经常与困难做斗争，但她同时也知道登上山顶是一种多么美妙的体验。所以淳子会告诉你不要放弃，要继续努力，她会为你最终的成功感到骄傲！

> 我不明白为什么人们对珠穆朗玛峰大惊小怪——它只是一座山而已。
>
> ——田部井淳子

旺加里·马塔伊

大树之母

旺加里·马塔伊被称为"大树之母"，而你知道这一称号的由来归功于她领导种植的5000万棵树吗？这是一个惊人的壮举，但这只是旺加里一生中取得的众多伟大成就中的一个。当她意识到有些问题出现时，她就开始想办法解决，并且她的辛苦付出终于得到了承认——她获得了一项现代最伟大的荣誉——诺贝尔和平奖。

姓名：旺加里·穆塔·马塔伊

出生日期：1940 年 4 月 1 日　逝世日期：2011 年 9 月 25 日（71 岁）

国籍：肯尼亚

身份：环境与政治活动家

旺加里·穆塔出生在非洲肯尼亚中部高地的伊希特村。她 8 岁时入学，由于天资聪颖，3 年后便转到了涅里的一所天主教寄宿学校，之后又以名列前茅的成绩考上了高中。1960 年，多亏参议员约翰·F.肯尼迪在成为美国总统之前启动的一个项目，她得到了去美国学习的机会。

6 年后，旺加里获得了生物学学士和硕士学位，回到肯尼亚。那么，你肯定觉得她不会再继续深造了，对吗？当然不是。旺加里在内罗毕大学担任学院助理讲师。她结了婚并且有了一个儿子。后来在女儿出生前不久，旺加里成为第一位获得博士学位的东非女性，她的专业是兽医解剖学。

旺加里的学术生涯仍在继续，她成为内罗毕所有大学中第一位任职高层的女性。与此同时，她成功地为大学里的女性争取到平等的福利。她意识到肯尼亚正在遭受乱砍滥伐、水和食物短缺（导致人们营养不良）、动物濒临灭绝的危机，于是她加入了一些环保组织，努力解决这些问题。她还成为环境联络中心的新主席，加入了联合国环境规划署的工作。旺加里逐渐意识到，必须要对肯尼亚的环境问题采取行动。她的行动便是 1977 年发起的"绿带运动"，这项运动鼓励肯尼亚妇女种树，与乱砍滥伐、通过伐木赚取收入的不良行为做斗争，防止水土流失，也保证充足的薪柴。自此项运动开始以来，已有 3 万多名妇女接受了林业及其他重要方面的培训，这令她们在保护环境的同时也能养家糊口。迄今为止，她们已经种植了 5000 万棵树。简直不可思议！这也令旺加里有了"大树之母"的称号。

多年来，旺加里一直在努力争取议会席位。终于在 2002 年，她成功获得了高达 98% 的惊人支持率。第二年，她成为肯尼亚环境与自然资源部副部长。

2004 年，旺加里因"对可持续发展、民主与和平的贡献"被授予诺贝尔和平奖，她是第一位获得这项奖项的非洲女性。哦，对了，她还抽出时间写了 4 本书：《绿带运动》《不屈不挠：一部回忆录》《非洲面临的挑战》《补益地球》。这是一位多么了不起的女性啊！

> 我确实不知道自己为什么要关心这么多的事情。我的心中总是有一些东西，它们告诉我，这个世界上有一些问题，我必须要做一些事情来解决这些问题。

—旺加里·穆塔·马塔伊

她会怎么做？

问题 你和两个最好的朋友都闹翻了，现在他们故意当你不存在一样。你觉得被人孤立了。如果是旺加里·穆塔·马塔伊，她会怎么做？

建议 人们常说"两人成伴，三人不欢"，意思是当 3 个朋友在一起时，容易不和谐，会出现两个人一起孤立第三个人的情况。如果发生了这种情况，并不代表你要忍气吞声。旺加里很擅长说服人们站到自己这边（她说服了 3 万多名妇女和她一起保护环境），她会建议你和你的两个朋友谈谈，可以一次只和一个朋友谈，试着理清你们之间的分歧。一旦你和他们沟通了，事情可能比你想象的要简单很多。

扎哈·哈迪德

明星建筑师

扎哈·哈迪德因其富有活力的设计而被称为"曲线女王"，她曾设计了一系列极具想象力的建筑。有摩天大楼吗？当然。展览馆？有呢。还有水上运动中心、美术馆、歌剧院、大桥、滑雪跳台、汽车厂、足球场等，扎哈设计过太多这类建筑啦。她意志坚定，勇敢，总是追求卓越。她那些绝妙的设计让当今世界都为之倾倒。

姓名：**扎哈·穆罕默德·哈迪德**

出生日期：**1950 年 10 月 31 日**　逝世日期：**2016 年 3 月 31 日**（65 岁）

国籍：**伊拉克裔英国籍**

身份：**建筑师**

扎哈·哈迪德出生于伊拉克巴格达，在那里她受到著名建筑师勒·柯布西耶和弗兰克·劳埃德·赖特作品的启发（可以详细了解一下他们，然后我们继续往后看）。在黎巴嫩的贝鲁特美国大学攻读完数学专业后，扎哈去了伦敦，在著名的建筑联盟学院学习。在这里，学校教她让想象力尽情驰骋，她做到了，教授们都对她的远见卓识惊叹不已。

现在，扎哈必须在这个竞争激烈的世界里脱颖而出，这并不是一件容易的事情。她开始去世界各地的顶尖大学教书，包括建筑联盟学院、哈佛大学和剑桥大学。1983 年，扎哈在香港一个度假村的设计竞赛中胜出，遗憾的是，由于客户的资金短缺，她的设计未能被建造出来。虽然许多出色的设计作品都未能实施，但是扎哈并没有因此而放弃，她一直都在继续着自己的设计创作。直到 1993 年，她才有机会在现实生活中看到自己的作品，那就是德国的维特拉消防站——后来变成了一个展览厅，因为它的形状对消防车来说有些不适合。

随着名气越来越大，扎哈获得越来越多的建筑设计机会。因扎哈设计的作品线条流畅、精妙绝伦和极具想象力，她被称为"曲线女王"。扎哈为 2012 年伦敦奥运会设计了伦敦水上运动中心，还设计了阿塞拜疆巴库的盖达尔·阿利耶夫博物馆，以及中国北京的银河 SOHO 和北京大兴国际机场。此外，扎哈的作品还有比利时的安特卫普港务局大楼——一座看起来就像来自科幻电影的建筑，以及中国的广州歌剧院——扎哈说歌剧院的设计灵感来自"被流水打磨光滑的鹅卵石"。哇，除了惊叹我不知道还能说些什么。事实上，如果你在网上搜索扎哈·哈迪德的设计，那么就请坐好，准备接受真正震撼的视觉冲击吧！

2004 年，扎哈成为第一个获得普利兹克建筑奖的女性，她将该奖项称为"诺贝尔建筑奖"。2016 年，也就是她逝世的那一年，扎哈成为第一位获得英国皇家建筑师学会颁发的皇家金奖的女性。但她从来不希望人们把自己称为女建筑师或阿拉伯建筑师。扎哈仅仅是一位建筑师，一位纯粹而简单的建筑师；就如同她惊艳的设计，她本人也是独一无二的。

她会怎么做？

 问题　　放学后，所有女孩都去公园里闲逛。你觉得这样很无聊，你更喜欢去学习自己感兴趣的东西，比如美术或篮球，但是其他女孩强迫你一起去公园。如果是扎哈·哈迪德，她会怎么做？

建议　　扎哈·哈迪德是独一无二的，她敢于与众不同，去看看她设计的那些绝妙的建筑你就明白了。扎哈会告诉你，你只要做自己认为对的事就好了！不用理睬其他女孩，去做那些比在秋千上冻屁股更有意义的事吧。

> 人们总是告诉女性，你不会成功的，这太难了，你做不到，不要参加这个比赛，你永远不会赢。女性需要对自己有信心，并且相信周围的人会帮助她们继续前行。
>
> ——扎哈·哈迪德

米歇尔·奥巴马

女性中的佼佼者

　　米歇尔·奥巴马出生在美国的芝加哥市，在那里她度过了平凡的童年生活。她在公寓里长大，去附近的学校上学，喜欢玩"大富翁"，没见过豪车，更没见过国家领导人。

姓名：**米歇尔·拉沃恩·罗宾逊·奥巴马**

出生日期：1964 年 1 月 17 日

国籍：美国

身份：律师、活动家、美国前第一夫人

父母下定决心让米歇尔和她的哥哥克雷格过上更好的生活，要求他们要为此好好努力。兄妹俩在学校成绩优异，都跳过级。最终克雷格考上了普林斯顿大学，当时米歇尔也打算去那所学校，但她的老师们想让她改变主意。他们认为米歇尔只是一个小女生，她把自己的目标定得太高了。但米歇尔坚持自己的想法，不顾一切地去了普林斯顿大学，后来又在世界著名的哈佛大学法学院获得了硕士学位。

在芝加哥一家律师事务所工作时，米歇尔曾指导过一位名叫贝拉克·奥巴马的年轻而富有魅力的律师。两人坠入爱河，于 1992 年结婚，并育有两个女儿——玛莉娅和萨莎。米歇尔想继续工作，在小女儿才几个月大的时候，她收到了一份面试邀请，但当时有个小问题：没有人来照顾女儿。米歇尔因此放弃了吗？当然没有。她带着萨莎去了面试现场，搞定了面试，得到了工作。

随后贝拉克·奥巴马决定竞选总统……米歇尔对丈夫这个想法并不感兴趣，她担心政治会影响他们正常的家庭生活。她是个注重隐私的人，不想抛头露面，而且她也有自己的事业要奋斗。但一家人是一个整体，所以米歇尔也开始为此努力，不遗余力地为丈夫助选。她对丈夫提出一个条件，那就是每周只能有一个晚上不在家陪女儿。

2008 年，贝拉克·奥巴马当选总统。2012 年，他再次胜出。这 8 年，米歇尔一直是美国第一夫人。除了履行公务外，她还致力自己热爱的事业，也许她最大的成功就是发起了"让女孩学习"行动计划，该计划于 2015 年发起，旨在帮助全球 6200 万失学少女。"我在这些女孩身上看到了自己的影子，"她说，"我还在这些女孩身上看到了我的女儿们的影子，我无法视而不见。"

米歇尔·奥巴马虽然现在已经不在白宫了，但有一件事是毋庸置疑的，那就是无论她接下来会做什么，她都坚信自己会成功。

当别人往道德的低处走时，我们要继续向高处前行。

——米歇尔·奥巴马

她会怎么做？

问题 一些新闻真的让你很发愁，它充满了死亡和黑暗。环境灾难、战争、暴力……没完没了！但是你为此又能做些什么呢？如果是米歇尔·奥巴马，她会怎么做？

建议 作为美国第一夫人，米歇尔·奥巴马在媒体的聚光灯下度过了8年时光。对于你所担心的那些新闻，米歇尔有切身的体验。你看！她微笑着从担忧中走了出来。我们不确定米歇尔会有什么建议，但她也许会告诉你不用太担心，她也有可能鼓励你无论何时何地都可以对你自己感兴趣的问题畅所欲言，这样一来，你就已经为让事情变得更好尽了自己的一份力。

朱迪特·波尔加

国际象棋特级大师

国际象棋也许是一项很容易学的游戏——的确如此！你可以试试看！但要想达到出神入化的水平却是非常困难的。作为史上最优秀的棋手之一，加里·卡斯帕罗夫曾这样评价朱迪特·波尔加："她拥有非凡的象棋天赋，但她毕竟是个女人……没有哪个女人能忍受一场旷日持久的战斗。"当然，他错了。2002年，在朱迪特成为第一个击败他的女性之后，他改变了这个想法。

姓名：**朱迪特·波尔加**

出生日期：1976 年 7 月 23 日

国籍：匈牙利　身份：国际象棋棋手

朱迪特·波尔加成为一名出色的棋手并非偶然，她的父亲拉斯洛·波尔加是一名国际象棋教师，也是一位教育心理学家。他曾说过，"天才是后天培养的，而不是天生的"。但他并不只是说说而已，他还决定证明他的理论。他的女儿苏珊、索菲亚和朱迪特成了他长期研究项目的一部分。最终，她们 3 个都成了国际象棋世界冠军。

拉斯洛和他的妻子克拉拉在家教育他们的女儿，他们把重点放在了语言和数学上。他们还教三姐妹下国际象棋——这是一个男女平等竞争的领域。波尔加姐妹都成了天才棋手，而其中朱迪特是最出色的，她第一次打败父亲是在她 5 岁的时候。

9 岁的时候，朱迪特赢得了她的第一个国际象棋锦标赛冠军。1988 年，年仅 12 岁的朱迪特和她的两个姐姐以及伊尔迪科·马德尔代表匈牙利参加了由世界国际象棋联合会举办的国际象棋奥林匹克竞赛，她们赢得了比赛。在两年后的下一届竞赛中，她们再次获得了胜利。

那么，14 岁的朱迪特还有什么要实现的成就吗？哦，当然。事实上，她的职业生涯才刚刚开始。

朱迪特是当时世界排名前 100 的国际象棋选手之一，她参加所有她可以参与的比赛，她想和所有优秀的棋手对决，无论男女。1991 年，15 岁的朱迪特就赢得了匈牙利全国锦标赛冠军！不仅如此，赢得这个冠军意味着国际棋联将公开宣布她为国际象棋特级大师，这个头衔只授予世界上最优秀的棋手。然而，这还不是全部，朱迪特·波尔加击败了前世界纪录保持者博比·菲舍尔，成为有史以来最年轻的国际象棋特级大师。

在接下来的几年里，朱迪特到世界各地参加国际象棋比赛，赢得了许多锦标赛冠军，并且一路击败了更多世界冠军。在 2005 年的巅峰时期，朱迪特成为世界排名第 8 的最佳国际象棋棋手。与此同时，她还是世界上最优秀的女性国际象棋棋手，这个纪录保持了 26 年之久。

2012 年，她成立了朱迪特·波尔加国际象棋基金会，鼓励孩子们学习国际象棋。2014 年，她宣布在国际象棋比赛中退役。

朱迪特·波尔加证明了她可以和男人一样优秀，而且比大多数人更出色。如今，她是匈牙利国际象棋男队的主教练。

她会怎么做？

 问题　这太不公平了，其他人睡得都比你晚，即使是比你小得多的孩子也是！你的父母为什么这么严格？如果是朱迪特·波尔加，她会怎么做？

 **建议**　朱迪特·波尔加和她的两个姐姐都在家上学，她们的生活与大多数女孩完全不同。事情就是这样，有的家长有这样的要求，别的家长又有那样的要求。让我们想象一下，如果朱迪特遇到你这样的情况会怎么做。也许她会说，去配合吧。你的父母并不刻薄，他们只是在做他们自己认为正确的事情。（嘘，如果你多睡一会儿，第二天在学校就会有更好的表现，这是事实。）

这并不是性别的问题，这是智商的问题。

——朱迪特·波尔加

玛塔·维埃拉·达席尔瓦

足球巨星

　　玛塔·维埃拉·达席尔瓦，通常被称为玛塔，是有史以来最著名的女足运动员，她连续五次当选国际足联年度最佳女球员。在 2007 年的女足世界杯上，她一举获得了金球奖和金靴奖。她是国际足联女子世界杯锦标赛中进球最多的运动员，要达到如此水平并非易事。

姓名：**玛塔·维埃拉·达席尔瓦**

出生日期：1986 年 2 月 19 日

国籍：巴西　身份：足球运动员

玛塔小的时候，人们就告诉她："足球是男孩子的运动，你还是玩洋娃娃吧。"玛塔当然没有理睬他们，她光着脚在巴西的街头踢球。她非常有天分，以至于男孩子们不愿意和她一起玩。一个女孩球踢得比他们好，这使他们很恼火。与此同时，玛塔还在学校的男子足球队踢过球，直到因为她是女生而被禁赛才退出。

这就能阻止她了吗？当然不能。

玛塔在14岁时迎来了她人生中的重大转折。她的天赋被别人发现，于是，她被带到了里约热内卢，在巴西最大的足球俱乐部之一——瓦斯科·达伽马俱乐部训练。但仅仅两年之后，这个项目就没钱了，于是玛塔动身去了圣克鲁斯镇，在那里她踢了两个赛季。

当时的情况是这样的，男子足球在巴西是一件大事，而女子足球呢？就没那么受重视了。如果玛塔想达到顶级水平，她就必须去其他国家……准确地说，是6835英里外的地方，她的新团队是瑞典的于默奥IK俱乐部。有了玛塔的加入，他们赢得了2003—2004赛季的欧洲女子冠军杯冠军。在2006年、2007年、2008年、2009年和2010年，玛塔都获得国际足联年度最佳女球员的称号。后来，她到了大西洋彼岸的美国，为洛杉矶太阳队、金色荣耀俱乐部和西部纽约闪光效力。每个赛季，她都是最佳射手。与此同时，玛塔还代表巴西国家队参加了国际足联女足世界杯和奥运会，并取得了很好的成绩。

那么玛塔是一位怎样的球员呢？很简单，她很出色。她有很好的平衡感，她的速度很快，控球也很棒，她非常清楚其他运动员下一步要做什么。她双脚技术都很好，两只脚都能把球踢好。她忠于职守，并且拥有高超的技巧，突然变向、穿裆过人、踩单车、插花脚，但凡你能想到的，玛塔都能做到（在网上看看她的足球技巧片段，你一定会大吃一惊）。这也难怪她像所有巴西最佳球员一样穿着标志性的10号球衣。

所以，如果你曾经想成为一名足球运动员，但又认为这项运动只适合男生，那你就大错特错了，因为玛塔做到了。

如今，她是联合国妇女署亲善大使，致力增强妇女权益的事业。

她会怎么做？

问题 每个人都有一双最新款的运动鞋，每个人都有！但问题是，这双运动鞋太贵了，你的家庭负担不起。现在你觉得自己被看不起，因为你不像其他人一样。如果是玛塔，她会怎么做？

建议 玛塔是学校男足队里唯一的女孩（直到她因为愚蠢的规定被开除），她也是她的学校里唯一和男孩在街头踢足球的女孩，当他们叫她走开时，她停下来了吗？并没有！所以她根本不在乎别人对她的看法，不管是关于足球还是运动鞋。

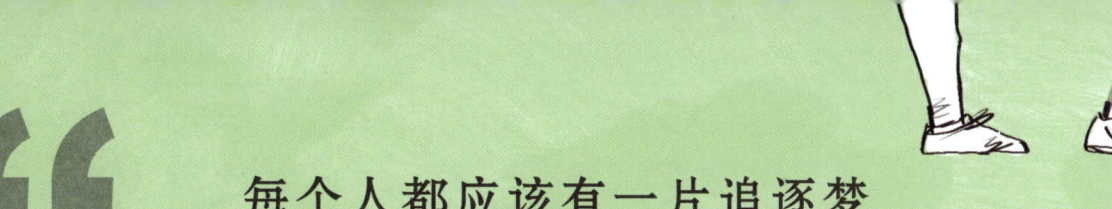

> 每个人都应该有一片追逐梦想的天地，我总是和我的男性朋友一起踢球，而且他们也都是专业人士。
>
> ——玛塔·维埃拉·达席尔瓦

艾玛·沃特森

联合国妇女署亲善大使

　　艾玛·沃特森在 20 岁之前出演了 8 部高票房影片（她在拍戏的同时并没有忽视学业）。她是一位时尚偶像，也是一位人道主义者，她在推特上很受欢迎，拥有几千万的粉丝。她也是联合国妇女署亲善大使，她认为为女性发声不仅仅是为了女人，也为了男人，需要每个人的参与。

姓名：**艾玛 · 夏洛特 · 杜尔热 · 沃特森**

出生日期：1990 年 4 月 15 日

国籍：英国

身份：演员兼联合国妇女署亲善大使

艾玛出生在法国首都巴黎，在那里生活了 5 年，后来父母离异，她就搬到了英国。她一直都想成为一名演员，于是去了一所戏剧学校学习表演、唱歌和跳舞。她参加学校的演出，并在 9 岁时赢得了她第一个电影角色。这部使她一跃成为超级巨星的电影就是《哈利 · 波特与魔法石》(2001)，你应该听说过（除非你来自火星）。

艾玛扮演赫敏 · 格兰杰这个角色长达十年之久，在"哈利 · 波特"系列的 8 部电影中均有出演。但是别担心，她并没有耽误学业，她每天都上 5 个小时的课，并且通过出色的考试成绩证明了她和赫敏一样聪明。

在拍摄完"哈利 · 波特"系列最后一部电影后，艾玛去读大学了。她拿到英语文学学位的时间比通常要求的时间长一些，因为她在上学的同时兼顾了电影事业。在同时处理多项工作上，艾玛是个极好的榜样，她在上学期间拍摄了电影《壁花少年》(2012) 和《珠光宝气》(2013)。哦，对了，因为她喜欢时尚，所以她还抽出时间做模特，并在 2014 年英国时尚大奖（以及其他一些奖项）中获得"最佳英国风格奖"。

所以，她是一位电影巨星，没错；她还有一大堆资格证书，没错；她是女孩子们的好榜样，没错。想必这对任何人来说都足够了吧！

对艾玛来说，不够。

艾玛还抽出时间去孟加拉国和赞比亚推动女童教育事业。2014 年，她被任命为联合国妇女署亲善大使，她的任务是通过联合国妇女署"他为她"行动赋予年轻妇女权利，促进性别平等。她通过在纽约联合国总部发表的一场见解深刻、鼓舞人心的个人演讲发起了这项运动。在"他为她"行动中，她鼓励男性与女性团结起来为平等而奋斗。

加油，艾玛！

她会怎么做？

 **问题**
你喜欢社交媒体。这是和朋友保持联络，让他们知道你在哪里、在做什么的一种很棒的方式，但是你母亲突然变得非常严格，她禁止一切形式的社交媒体，除非你保证保持低调。如果是艾玛·沃特森，她会怎么做？

建议
你不会喜欢你母亲的做法，我们不确定艾玛·沃特森会怎么说，但她可能会赞同你母亲的做法……艾玛的确使用推特和脸书，但关键是她从不透露自己个人生活的细节，因为她想有自己的隐私，保证自己的安全。所以为了你自己好，听你妈妈的话，她的话也许有道理。

> 对女生来说，最悲哀的事，
> 莫过于为了一个男人失去自我。

——艾玛·沃特森

马拉拉·优素福扎伊

无畏的教育活动家

　　简单地说，马拉拉·优素福扎伊是个令人震惊的女孩。当新的法律禁止女孩上学时，她站出来抗议。她在博客中讲述了自己对战争的恐惧，并不知疲倦地为争取受教育的权利而斗争。马拉拉几乎为自己勇敢的行为付出了最惨重的代价。那么马拉拉为此停下脚步了吗？不，她没有。

姓名：**马拉拉·优素福扎伊**

出生日期：1997 年 7 月 12 日

国籍：**巴基斯坦**

身份：**教育活动家**

马拉拉·优素福扎伊出生在巴基斯坦西北部的斯瓦特谷。她从小就热爱学习，她父亲经营着一所学校，在那里她可以满足自己对知识的渴求。但是在 2007 年，一切都变了。她居住的地区制定了新的法律，其中一条法律对马拉拉产生了毁灭性的影响，那就是禁止女孩上学。

对 10 岁的马拉拉来说，这项禁令极不公平。"我只想接受教育。"她说。但是她能做什么呢？事实证明，她能做的有很多。她在电视上公然抗议，然后她在博客中讲述了自己对战争的恐惧以及她对上学的渴望。起初，她匿名写博客，但在 2009 年身份曝光后，她开始公开进行抗议。那一年，女生教育的禁令被部分取消了！没过多久，巴基斯坦爆发战争，马拉拉被迫逃离斯瓦特谷。几个月后，她返回家乡，并立刻投入抗议运动中。

马拉拉的努力越来越广为人知。2011 年，她被授予国际儿童和平奖和巴基斯坦国家青年和平奖，这是她收获众多荣誉的开端。虽然她受到了死亡威胁，但是她仍然继续为女孩受教育的权利发声。

2012 年 10 月 9 日，马拉拉被武装分子枪击，伤势严重，当时她 15 岁。

来自世界各地的人们纷纷竭尽全力帮助马拉拉。最终，她被飞机送往英国伯明翰的一家医院。这家医院在治疗枪弹伤方面经验丰富。在奇迹般地康复之后，马拉拉于 2013 年 7 月 12 日在纽约联合国总部发表演讲，庆祝自己的 16 岁生日——现在，这一天被称为马拉拉日。与此同时，数百万人签署了一份请愿书，这令巴基斯坦国民议会通过了一项法案，保证所有 5 至 16 岁的儿童都能接受免费教育。马拉拉基金也在同年成立，目的是使人们认识到女孩受教育的必要性，并"使女童能够发出自己的声音，释放她们的潜力，并要求变革"。

2014 年，马拉拉成为有史以来最年轻的诺贝尔和平奖得主，以表彰她为所有儿童受教育的权利而进行的斗争。

马拉拉持续表达着自己的态度："我想让自己成为'为教育权利而战的女孩'，这就是我想要奉献一生的事业。"

她会怎么做？

问题　你被人欺负了，这是件很可怕的事情。现在情况变得很糟糕，以至于你什么也不敢说，什么都不敢做，以防被他们发现后欺凌变得更严重。如果他们真的伤到你了呢？如果是马拉拉·优素福扎伊，她会怎么做？

建议　马拉拉遭受了极端的欺凌，但她并没有因此而停止说出自己的想法。我们不知道她会做出怎样的反应，但她可能会告诉你，要尽量避免遇到欺负你的人。但如果这样行不通，她可能会建议你为自己挺身而出，即使这样做很可怕。勇敢点儿，让欺负你的人感觉你很勇敢，告诉欺负你的人离你远点儿，然后走开。一定要告诉老师或大人发生了什么，他们可以帮助你。

> 作为那些受到伤害的人群中的一员，我之所以站在这里，不仅是为自己说话，也是为那些无法让人听到他们声音的人说话：那些为自己的权利抗争的人，他们能和平生活的权利，他们能受到有尊严对待的权利，他们能享有平等机会的权利，他们能接受教育的权利。
>
> ——马拉拉·优素福扎伊

你是哪一种女孩呢？

回答下列选择题，找出你最像哪位杰出女性。记下你选择了多少个 a, b, c, d 或 e, 然后（只能在做完题目之后）翻到 102 页，看一看有什么惊喜。

1 你长大后梦想成为什么样的人？

a) 作家、艺术家、哲学家或者……谁知道呢？你还没想好，但无论你做什么，都会很棒。

b) 你未来的职业将会极具创造力，就像你一样！

c) 毫无疑问，你将成为世界领袖。

d) 你打算从事社会服务工作——你想不出比帮助别人更好的职业了。

e) 你将成为一位政治家，你真的能有所作为！

2 学校戏剧部请志愿者去帮忙粉刷布景，你会怎么做？

a) 你太内向了，不敢表现自己。

b) 其他人都让开，这是最适合你的工作。

c) 粉刷布景？哼，没门，你要在舞台上扮演主角！

d) 你很乐意伸出援助之手。

e) 戏剧部的工作可以交给你负责，你能马上召集一大群志愿者。

3 有人在群聊中被欺负，你会袖手旁观吗？

a) 当然不会。你会在群聊里发表一段义正词严的言论，让欺负人的人感到难堪，离开群聊。

b) 不可能！你会马上去告诉老师。

c) 你不会在这些人身上浪费时间，你会联系群聊管理员，让他们立即关闭群聊。

d) 安慰被欺负的人，并答应为他们解决问题。

e) 有人如此刻薄，这使你心里很难受，你会把所有人都团结起来，一起对抗这些人。

4 学校的年终舞会快到了，你打算穿什么？

a) 一件很长、很飘逸又非常休闲的衣服。

b) 你无法在华丽的礼服和精致的套装之间做出选择，但无论你选择什么，你坚信人们都会注意到你。

c) 戴一个皇冠。

d) 嗯……穿什么都行。

e) 可能是一些实用的衣服，说实话，其实你还不想在这件事上浪费精力，因为你正忙着组织舞会。

5 你的英语作业明天早上要交，但放学后你被邀请去打球，你会怎么做？

a) 当然是写英语作业，你等不及要开始写作业了。

b) 你喜欢社交，所以很明显你要去打球，但是你也喜欢学习，所以你也可能会熬夜做作业。

c) 写作业。你总有一天会出人头地，而学习就是走向成功的方法，没有时间玩了！

d) 你要去打球，你喜欢和朋友们在一起。

e) 你的理智在告诉你应该去做作业，但你的内心却在说去打球，所以你像往常一样听从你的内心。

6 你们学校组织了有史以来最好的一次学校旅行。只是有个问题——你最好的朋友不能参加，因为太贵了。你会怎么做？

a) 从众不是你的风格，所以你要和你的朋友待在一起，陪着她。

b) 简直是场悲剧！但你下定决心让你的朋友去旅行，因此你卖了一些东西，为她支付旅行费用。

c) 你会参加学校的旅行，并不为这件事发愁，你不需要对每个人都负责，你得为自己着想。

d) 你大方地从储蓄账户中取出一些现金借给你的朋友，她什么时候还钱都行。

e) 你会去见校长，让他们想办法降低学校旅行的费用，一旦蹦极从日程上取消，费用就会便宜很多！

7 这是你最可怕的噩梦，你的朋友们都想试试新的攀岩墙，而你却恐高，你怎么拒绝呢？

a) 嗯……有什么问题吗？你只要告诉他们你恐高就行了。

b) 你跟每个人说你要去参观城里的新艺术展，这比挂在一堵旧墙上有趣得多。

c) 你不会拒绝的，你克服了比爬墙更可怕的障碍，成就了今天更坚强、更强大的你，去放手一搏吧！

d) 如果每个人都敢去尝试，你就会试一下。

e) 深呼吸，不要往下看。只要你相信自己，就会有到达顶峰的信心。

8 太不公平了！班上其他女孩都化妆，但你父母不让你化妆。你会怎么做？

a) 化妆太大众化了，你会去文一个自己喜欢的文身。

b) 很简单，你会把化妆品放进包里，一出门就把妆化上，只要你回家前把妆卸了，父母就不会知道了。

c) 你还会继续化妆，然后承担后果。

d) 你不忍心惹父母生气，所以你会等过一年再问问他们。

e) 你明智地选择与父母沟通。当你更愿意去参加课外活动的时候，为什么不让你的父母对你化妆的事情告一段落呢？你可以问他们你是否可以做这些比化妆更让你感兴趣的事情。

答案

大部分选项是 a,

为弗吉尼亚·伍尔夫鼓掌！
这就是你！
（见第 44 页）

大部分选项是 b,

你像弗里达·卡洛一样，
是个极具创造力的人。
（见第 52 页）

大部分选项是 c,

叶卡捷琳娜大帝势不可当，
你也一样！
（见第 20 页）

大部分选项是 d,

你和哈丽雅特·塔布曼一模一样，
没有什么比帮助别人
更让你快乐的了。
（见第 32 页）

大部分选项是 e,

你听从自己的内心，
就像圣女贞德一样。
（见第 12 页）

时间轴

1646—1684
埃琳娜·皮斯科皮亚

1729—1796
叶卡捷琳娜大帝

1815—1852
埃达·洛夫莱斯

1882—1941
弗吉尼亚·伍尔夫

1897—1937
阿梅莉亚·埃尔哈特

1907—1954
弗里达·卡洛

1940—2011
旺加里·马塔伊

1950—2016
扎哈·哈迪德

1964
米歇尔·奥巴马

约公元前 69—公元前 30

克莱奥帕特拉

约 978—约 1016

紫式部

约 1412—1431

圣女贞德

1820—1910

弗洛伦斯·南丁格尔

约 1820—1913

哈丽雅特·塔布曼

1858—1928

埃米琳·潘克赫斯特

1867—1934

玛丽·居里

1913—2005

罗莎·帕克斯

1934

简·古多尔博士

1937

瓦莲京娜·捷列什科娃

1939—2016

田部井淳子

1976

朱迪特·波尔加

1986

玛塔·维埃拉·达席尔瓦

1990

艾玛·沃特森

1997

马拉拉·优素福扎伊

索引